AF226580

Laudetur Jesus Christus.

DEUX MOIS

DE

VISITE PASTORALE

CHEZ LES NÉO-CONVERTIS

Dans le diocèse de Tripoli de Syrie.

Par A. MÉSERAY,

SECRÉTAIRE DE Mgr DOUMANI, ÉVÊQUE DE TRIPOLI

BAR-LE-DUC

IMPRIMERIE SAINT-PAUL

36, rue de la Banque, 36

DEUX MOIS

DE

VISITE PASTORALE

CHEZ LES NÉO-CONVERTIS

Dans le diocèse de Tripoli de Syrie,

Parce que son âme a été éprouvée, il verra et sera rassasié. (Is., LIII, 11.)

La plus grande récompense que puisse mériter un digne ministre de Jésus-Christ, c'est assurément la joie et la consolation de voir tout un peuple, égaré et perdu dans l'erreur, rentrer dans la véritable Eglise, reconnaître la suprême autorité du Vicaire de Jésus-Christ, et reprendre enfin les glorieuses traditions des ancêtres.

Ces belles paroles du grand prophète Isaïe trouvent une fois de plus leur confirmation dans les événements qui se déroulent actuellement sur cette terre privilégiée de la Syrie.

Mgr Joseph Doumani vient en effet de recevoir la juste récompense de six longues années de souffrances, de sa sollicitude de père ; la conversion de tout un peuple : tel est le résultat de la semence évangélique.

L'organisation de ce beau et grand diocèse était une tâche bien difficile pour l'éminent Prélat, car il fallait édifier sur des ruines ; et les Grecs-non-Unis ne cessaient d'y mettre une constante opposition, vive et tenace. La semence évangélique se répandait lentement, il est vrai, mais cette lenteur favorisait le travail du saint Pasteur ; chaque âme conquise était pour son cœur d'apôtre un précieux auxiliaire qui préparait les voies à d'autres. Cette fois-ci, Dieu a doublement récompensé l'Homme de Douleurs, et c'est au milieu des plus pénibles épreuves qu'Il lui a fait entrevoir le fruit de ses travaux.

Tout le monde connaît déjà les circonstances qui ont provoqué cet ébranlement dans le Schisme ; on sait que les Conversions se sont effectuées par milliers. Mais une lutte inévitable devait suivre, et avoir pour conséquence la défection de quelques malheureux. Les Schismatiques, obstinés, fanatiques, et exaspérés jusqu'au plus haut degré, déclarèrent une guerre sans merci. Les pauvres paysans convertis en furent les premières victimes ; ils furent volés et pillés, et se voyaient déjà en proie à la famine. Afin d'éviter une ruine totale, quelques-uns ont senti la nécessité de retourner momentanément à leur ancienne erreur, mais avec promesse réelle de confesser leur foi catholique dans un moment plus calme.

Beaucoup de villages en effet attendent un résultat favorable et des secours pour se convertir. Il est évident qu'au fond, toutes ces populations sont catholiques, elles le sont dans l'âme ; ce qui les retient, c'est le fanatisme seul des Schismatiques ; et au jour où Mgr l'Evêque de Tripoli aura les ressources nécessaires qui lui manquent absolument, dès qu'il aura un puissant appui moral et matériel, *un plus grand triomphe est réservé à l'Eglise ;* l'anéantissement du Schisme dans ces pays sera complet. Ce sera une nouvelle récompense du Grand Serviteur de Dieu ; mais, en attendant cet heureux et suprême triomphe, il faudra lutter longtemps encore, et l'on verra par la suite de ce récit combien d'obstacles nous avons rencontrés à chaque pas.

Dans une réunion tenue au palais épiscopal, peu de

temps après les derniers événements, une personne émi-
nente, et qui a pour Monseigneur un profond attache-
ment, déplorait avec tristesse la défection de quelques-
uns des premiers convertis ; elle avait peur, et exprimait
avec angoisse ses craintes de voir le fruit d'une si belle
conquête se perdre fatalement.

« — Il ne faut pas s'étonner, Messieurs, dit alors le
« Prélat, car nous entrons dans une phase toute nou-
« velle ; cette lutte était prévue, nous sommes prêts.
« Mais, j'ai toujours eu cette suprême consolation que
« ceux qui ont eu la faiblesse de tomber plusieurs fois se
« sont plusieurs fois relevés avec un remords poignant
« d'avoir été si faibles, et ceux à qui nous avons montré
« notre paternelle sollicitude nous ont constamment
« causé de perpétuelles craintes.

« Je vous redirai, Messieurs, ces belles paroles de
« saint Charles : *Une seule âme est un diocèse assez
« grand pour un Evêque.* Ne me resterait-il qu'une
« seule âme, j'en aurais toujours la consolation et la
« joie, parce que cet élan de conversion aura, s'il ne
« porte pas de fruit au début, une conséquence évi-
« dente dans la postérité ; le germe se développera
« lentement, mais très sûrement. Le Schisme est
« ébranlé fortement, vous le savez, Messieurs, mais
« la conduite des Evêques-non-Unis contribuera bien
« plus à cette dislocation, éloignera d'eux leur troupeau,
« et n'attirera sur eux que haine et mépris ! »

C'est sur cette ferme espérance que Mgr l'Evêque de
Tripoli va courir au-devant des multiples dangers et
des vexations dont il sera l'objet en mainte occasion
pendant toute la durée de sa Visite Pastorale chez les
Nouveaux-Convertis.

Les Evêques Orthodoxes, sous les ordres de leur Patriarche, en résidence à Damas, usèrent de moyens vraiment illicites pour réparer la faute grave qu'ils avaient
commise. Ces moyens devinrent absolument inutiles ; il

était trop tard : leurs prêtres supplièrent les Convertis à mains jointes de retourner dans leur Eglise, mais c'est aussi à mains jointes que les Néo-Convertis les supplièrent de s'écarter d'eux, ne voulant plus se mêler avec des gens qui font de la religion un vrai trafic. — Les supplications furent donc vaines aussi. C'est alors que la furie des Schismatiques ne connut plus de bornes ; après les prières, ils en vinrent aux menaces et aux actes odieux ; le vol et le pillage allaient avoir libre cours sous les yeux fermés du Gouvernement, gagné par l'argent des Schismatiques.

Si ces Evêques Orthodoxes, qui se disent dans la bonne foi, connaissaient mieux les préceptes évangéliques, si réellement ils s'étaient mieux inspirés de l'Esprit de Jésus-Christ, ils ne se seraient pas laissés entraîner à leurs passions ; ils ont au contraire travaillé contre leurs principes : c'est ainsi que le monde catholique pourra apprécier la valeur de ces hommes, mais ce sera pour nous une occasion de plus de prier pour ces pauvres aveugles et de leur pardonner, car, aveuglés par la haine, ils ne savent ce qu'ils font.

Monseigneur comprenait combien la situation était grave, et pour lui, et pour ses Néo-Convertis. Avant d'aller visiter ses nouveaux fidèles, il sentit la nécessité de se mettre en règle vis-à-vis du Gouvernement, afin de prévenir de graves collisions et d'agir plus sûrement. Cela n'alla pas sans difficultés, car le Gouvernement, tout en montrant beaucoup de respect et de déférence pour Mgr l'Evêque de Tripoli, gardait une neutralité absolue ; mais, sur l'intervention de Son Excellence M. Santi, Consul de France à Tripoli, le Gouverneur sortit de sa neutralité et épousa la cause du Prélat.

Une autre personne influente, qui nourrit également une affection particulière pour Mgr Doumani, vint lui apporter un puissant appui et une grande consolation. C'était le Rév. Père Accaoni, Supérieur des RR. Pères

Lazaristes à Tripoli. Ce saint prêtre ne cessa de montrer une profonde vénération et une amitié sincère pour le vénérable Pasteur, surtout en de telles circonstances. Il ne dissimulait pas ses craintes en apprenant que Monseigneur se préparait à partir en visite pastorale :

« — Méfiez-vous, lui dit-il un jour, ces gens-là sont capables de tout. Que Votre Grandeur prenne des hommes armés, car une attaque peut se faire, et une balle est bien vite lancée !...

« — Je n'ai rien à craindre, lui répondit Monseigneur ; avec Dieu, on ne peut jamais succomber ! »

Enfin, jugeant que cette conversion de tout un peuple était bien sincère, et promettait beaucoup pour l'avenir, Monseigneur résolut d'en aviser Sa Sainteté Léon XIII, de sainte et glorieuse mémoire, par une dépêche télégraphique à l'adresse de Son Eminence Mgr le Cardinal Rampolla, alors Secrétaire d'Etat. Il fallait demander des secours, parce qu'enfin ces conversions entraînaient après elles une charge vraiment écrasante pour l'heureux Prélat : il faudra au moins trente prêtres ; puis des églises, des presbytères, des écoles, etc., etc. Monseigneur ayant dès maintenant épuisé ses dernières ressources, ne peut suffire à cette charge ; il faut, pour maintenir cette magnifique conquête, que l'Eglise fasse appel à la générosité de ses enfants.

Les populations néo-converties attendaient avec impatience la visite de leur Nouveau Père, mais un obstacle retardait cette visite. Sa Grandeur ne voulait pas se rencontrer face à face avec les Evêques Schismatiques, qui faisaient *leur course suppliante,* pleine d'humiliations et de honte ; Elle attendait leur retour pour pouvoir partir ensuite.

Mais pour cela, Monseigneur voulait que les Convertis vinssent eux-mêmes l'inviter, parce que, sans garanties sur ce qui pourrait arriver plus tard, il avait acquis trop d'expérience pour assumer de nouvelles responsabilités ; outre cela, par cette façon d'agir, Sa Grandeur se rendait compte de la sincérité des Conversions.

Enfin, après plusieurs semaines d'attente, le Rév. Père Paul, curé de Beurge, dans le district de Safita, et prêtre zélé et très instruit, reçut l'invitation officielle ; il fut prié de la remettre en personne à Mgr l'Evêque de Tripoli.

Les dernières dispositions prises, le Rév. Père se mit en route.

Au soir du 3 avril de cette mémorable année 1903, si féconde en événements de tout genre, le délégué officiel arriva au palais épiscopal, annonça à Monseigneur le but de sa mission et lui remit la Pétition ; puis, au nom des populations des districts : Akkar, Hossen, Safita, le Père Paul invita Sa Grandeur à faire sa Visite Pastorale.

C'est en termes très affectueux, empreints d'une certaine émotion, que le digne Prélat remercia le Curé de Beurge ; il accepta avec une joie bien visible cette invitation de tout un peuple. Des ordres furent immédiatement donnés pour hâter les préparatifs, car le départ avait été fixé pour le lendemain matin.

Un des notables des plus influents parmi les Néo-Convertis, M. Esper Yasagy, mandé en toute hâte, exprima toute la satisfaction qu'il éprouvait, car il entrevoyait déjà la fin d'une lutte terrible et le calme revenu au sein de ces populations si éprouvées. Hélas ! la suite des événements prouvera bientôt combien étaient illusoires ses pensées.

Monseigneur n'envisageait pas l'avenir de la même façon : des points noirs se montraient déjà à l'horizon ; aussi, chacun dissimulait ses craintes par une franche gaieté et agissait selon les volontés divines.

Le départ.

Le jeudi 30 avril, le soleil se levait radieux comme s'il eût voulu éclairer de ses rayons d'or une journée non moins solennelle que celle du 2 avril précédent. A dix heures précises, les portes du palais s'ouvrirent pour laisser passer le cortège épiscopal qui comprenait huit personnes au moins :

Le janissaire, en grand costume galonné, et armé de deux revolvers de gros calibre, ouvrait la marche : sa fonction, en pareil cas, était d'assurer la liberté de la route ; nous avions un guide qui devait nous conduire dans les montagnes ; puis cinq prêtres et un moukre, Monseigneur et moi, ce qui faisait en tout dix personnes.

Monseigneur, revêtu de son blanc burnous, marchait au milieu ; et moi, puisque c'était la première fois que je montais un cheval, je marchais en tête. Monseigneur voulait me surveiller, en père très vigilant, afin de prévenir toute espèce d'accident ; les autres prêtres de l'escorte devaient aussi avoir l'œil sur moi. J'étais heureux, et prenais un vrai plaisir à faire caracoler mon gentil petit cheval arabe.

En quittant le chemin sur notre droite, nous avons dû, pour gagner la route nationale, traverser un champ de manœuvre, où quelques tombeaux juifs sont semés çà et là (c'est leur cimetière) ; tout le monde marche dessus, et s'en sert comme de bornes de pierre, et l'on n'a pas plus de respect pour celui qui repose là-dessous que si c'était un animal quelconque. C'est ici que l'on peut voir encore une preuve manifeste du châtiment infligé par Dieu à ces malheureux enfants d'Israël.

Les troupes ottomanes font ici leurs exercices tous les jours au matin. Quelle pitié ! Ces malheureux soldats sont très pauvrement vêtus, et nourris misérablement ;

brûlés par un soleil de feu, on les voit faire nonchalamment l'exercice. C'est grand dommage, car ce sont des hommes bien constitués et sur lesquels la fatigue n'a pas de prise : intrépides dans les dangers, terribles sur les champs de bataille, ils seraient redoutables s'ils avaient l'équipement du soldat français. C'est ce qui, précisément, faisait dire à l'Empereur Napoléon 1er : « Avec de pareils hommes, bien vêtus et bien nourris, je ferais la conquête du monde. »

Nous sommes enfin sur la grande et belle route que nous allons suivre pendant presque toute la journée ; malgré la forte chaleur, malgré les ardents rayons du soleil, nous sommes très agréablement rafraîchis par un léger vent qui nous vient du Nord-Ouest.

D'immenses troupeaux de chameaux sillonnent cette belle route ; le chameau qui se trouve en tête du défilé porte à son cou une sonnette argentée qu'il fait résonner fièrement ; le son de la clochette attire l'attention des autres chameaux qui suivent d'un pas lent et majestueux.

A chaque instant aussi, nous voyons passer une multitude de moutons. Ces moutons sont très renommés et très recherchés pour leur graisse ; et ce qui les distingue des moutons d'Europe, c'est qu'ils ont à leur queue une grosse poche de graisse de première qualité : cette séparation de la graisse et de la viande donne à celle-ci un goût exquis que n'a pas celle de nos moutons d'Europe.

Après une heure de marche, nous apercevons à notre droite, sur le versant d'une colline, un vaste édifice carré, présentant l'aspect d'une vieille forteresse, bien antérieure aux Croisades, m'a dit Monseigneur, à qui j'avais demandé quelques explications sur ce monument ; pendant longtemps elle servit de garde militaire, mais, depuis, le Gouvernement l'a laissée tomber en ruine, et actuellement elle sert d'hôtellerie où viennent se réfugier les voyageurs de basse condition, notamment les Bédouins.

Nous laissons maintenant pour un temps les premiers

contreforts du Liban, dont les hautes cimes sont recouvertes de neiges éternelles, pour entrer dans la plaine. A
notre gauche est la mer Méditerranée, qui ressemble à
un immense lac, dont les eaux azurées se confondent
avec le bleu du ciel. Au pied de la montagne, à l'entrée
de cette plaine, est une garde militaire, établie seulement
depuis quelques années. Ce pays était infesté de brigands
fameux, dont les exploits égalaient ceux du célèbre Cartouche ; les voyageurs, n'étant plus en sûreté de leur vie,
obtinrent du gouvernement ottoman la protection pour
voyager en toute sécurité.

La première station, où nous nous arrêtons, est le village d'Abdé ; nous prenons notre repos dans un magnifique hôtel, situé tout au bord de la route. L'eau avec
laquelle nous nous rafraîchissons est pure comme le
cristal et d'un goût de fleur d'oranger ; aussi tout le
monde la boit avec délices.

Assis à l'ombre des grands arbres, je remarque une
femme qui, assise au bord du fossé, à la mode arabe,
nous prépare le café. Pour écraser les grains, elle se sert
d'un instrument bien connu et assez semblable, par sa
forme extérieure, à une longue-vue. Il y a un autre
instrument qui est aussi en très grand usage dans ce
pays, principalement chez les Bédouins. On lui donne le
nom de « Mouhebage. » Cet instrument réduit le café en
une poudre extrêmement fine ; la gracieuse cadence des
coups amuse beaucoup ceux qui assistent à l'opération,
car elle imite presque le bruit du tambour. Aussitôt
broyé, le café est mis dans la cafetière, puis on verse le
liquide dans de très petites tasses, mais jamais remplies,
et seulement à moitié, usage scrupuleusement conservé
par les Arabes et les Bédouins ; — cette manière de
verser est un témoignage d'amitié ; mais si la tasse était
complètement remplie, ce serait alors une grave offense
pour la personne à qui l'on offre, et en même temps un
indice de haine et de mépris. On peut cependant en
prendre plusieurs fois, mais en gardant toutefois la

même mesure. C'est donc ce café que nous offre cette femme, à qui nous donnons un bon bacchiche (salaire) pour la récompenser.

Après deux heures de repos, nous reprenons nos montures ; il faut nous hâter, car nous avons bien des heures de marche avant de faire l'ascension de la montagne d'Ackar.

Il est bon de noter ici un petit incident qui s'est déjà produit depuis mon arrivée en Syrie, et qui fera voir ainsi la méchanceté de ce peuple, cachée sous les voiles de la naïveté. Pendant que nous achevions les préparatifs pour le départ, les habitants me considéraient d'une façon étrange : mon costume ecclésiastique latin, que je tiens à conserver au grand complet, et surtout l'absence totale de ma barbe et de mes moustaches les intriguent beaucoup : ce sont des chuchotements et des signes sans fin. Ces braves gens s'approchent plus près pour m'entendre parler français avec Monseigneur : cette langue leur est tout à fait étrangère et ils ne la comprennent pas. Mais le plus comique de l'affaire, c'est que, à Tripoli, la population, connaissant bien le grand amour de Monseigneur pour la France, et combien il en est aimé, n'a rien eu de plus empressé que d'exagérer à volonté les choses. En voici deux exemples :

Un jour, Monseigneur recevait son courrier au grand complet ; plusieurs Musulmans, l'ayant aperçu, trouvèrent vite un mot à dire, et répandirent, avec cette naïveté bien connue, que le *Roi de France* venait d'envoyer toutes ses lettres à l'Evêque Catholique de Tripoli. — Ceci fut le prélude d'une autre absurdité, que voici :

Puisque le *Roi de France* envoyait ses lettres à Monseigneur, il était tout naturel qu'il dût mieux faire encore. Or, mon arrivée en Turquie, chez Monseigneur, fit beaucoup parler les Turcs ; l'absence totale de ma barbe, mon costume, ma jeunesse, tout cet ensemble fit circuler un bruit incroyable. Partout, on disait que le Roi de France venait d'envoyer *un colonel* déguisé ou un garde-noble, afin de garder la personne de Monseigneur, et pour faire venir ensuite les troupes de France. C'était pour cette raison que ma barbe ne poussait pas.

Son Excellence M. Santi, Consul de France à Tripoli, eut connaissance de ces rumeurs, et s'amusa beaucoup de toutes ces histoires.

« — Ces braves gens, me dit-il un jour, sont un peu arriérés ; assurément, ils ont oublié de lire notre histoire ; mais c'est peut-être du roi futur qu'ils veulent parler. En ce cas, ils sont plus avancés que nous. Il faut cependant veiller à cela, car il y a là bien plus de méchanceté que de naïveté. »

Si ces bons Turcs avaient peur de moi, il faut avouer que moi-même j'avais encore plus peur d'eux. Ce n'était pourtant pas ma taille qui pouvait les effrayer, car je n'ai pas encore la constitution d'un homme formé ; c'est aussi la raison pour laquelle on me prenait pour une jeune fille.

Toutes ces rumeurs signifient donc, pour en tirer une conclusion, que les Turcs sont excessivement ombrageux, et, au seul nom de France, ils tremblent et frémissent de crainte.

Nous étions en marche depuis une heure, quand, à l'angle d'une route, j'aperçus de nombreux Musulmans : hommes, femmes, enfants, qui me paraissaient jouer la comédie, comme font les acrobates sur nos places publiques en Europe. Mais, celle-ci était une comédie très sérieuse ; ils enterraient bruyamment un des enfants du bon prophète. Je crois qu'on l'ensevelissait sans cercueil, car je vis le corps élevé au-dessus de la tombe, et ficelé comme un paquet qu'ils confiaient à la terre. Tout autour de la tombe, c'étaient des cris, des hurlements, des larmes, et surtout d'horribles grimaces à faire rire les spectateurs étrangers. Bref, c'était une comédie tragique.

Que l'homme est faible quand il se trouve en dehors de la vraie Foi !

Il est deux heures et demie quand nous quittons la grande route, pour suivre un petit sentier qui nous conduira directement à Cheik-Mohammed. Nous apercevons déjà ce village, sur le versant de la montagne, et perché bien haut cependant, comme un nid d'aigle. Monseigneur envoie dès à présent trois prêtres de l'escorte à Miniara, afin d'aviser de notre arrivée le R. P. Grégorios, alors curé de ce village. Quelques instants après, Monseigneur me demande si je désire les accompagner. C'est avec empressement que j'accepte, toujours heureux, à l'occasion, de mettre en pratique mes premières leçons d'équitation. Un coup de cravache, et voilà mon coursier arabe parti ventre à terre. Il me faut cependant prêter beaucoup d'attention pour ne pas perdre l'équilibre, car je suis bien secoué ; de plus, je perds mon joli coussin : j'en suis d'autant plus ennuyé que c'est celui de Monseigneur. Sa Grandeur me l'avait donné au moment du départ, afin de ne pas me faire trop sentir les fatigues si ordinaires aux cavaliers ; je ne me suis aperçu de cette perte que plus tard, et comme il n'y avait personne sur la route, j'avais la ferme conviction que le moukre de l'escorte me le ramasserait, ce qui arriva effectivement. A notre sortie de Miniara, Monseigneur me demanda si mon coussin avait fondu sous le poids de ma personne, ce qui fit rire beaucoup, car j'étais relativement assez léger. Enfin, après bien de la peine, je réussis à rejoindre cette avant-garde, qui tirait des coups de revolver en signe d'allégresse.

Nous quittons maintenant la plaine pour faire l'ascension de la montagne d'Akkar ; un magnifique pont de pierre nous permet de passer au-dessus d'un affreux précipice ; à quatre ou cinq mètres plus loin, il en est un autre bien plus petit, mais qui, tout couvert de lierre et de plantes sauvages, donne à ce coin du paysage un aspect très poétique.

Nous nous engageons dans les lacets pratiqués sur les flancs de la montagne, et, vingt minutes après, nous arrivons chez le bon Père Grégorios, qui, agréablement surpris, nous reçoit avec son amabilité habituelle.

Le presbytère a été construit par les soins du très regretté Patriarche, Mgr Grégoire-Youssef Ier. Cette maison consiste en un grand et bel appartement, où l'on dit la messe tous les jours, et qui sert ensuite de salle de classe pour les garçons. Le Curé occupe les chambres du premier étage.

Miniara est un village qui compte 2.500 habitants, dont plus de la moitié sont dans la vraie foi; et le reste schismatique, mais doublé de protestantisme. Il y a une église pour les Schismatiques, et comme ceux-ci n'ont pas d'écoles, les garçons et les filles reçoivent l'instruction de l'école russe. Toutefois, l'Ecole Catholique, grâce aux soins constants de Sa Grandeur, compte déjà un bon nombre d'adeptes et dans quelques années, en raison des événements actuels qui ébranlent le Schisme dans ces pays, on pourra y réunir tous les enfants. Environ vingt familles maronites, n'ayant pas de prêtres, viennent chez les Catholiques; elles sont bien pauvres et bien écrasées par les charges, car elles doivent payer comme tout le monde les impôts annuels au Gouvernement, quand bien même la récolte aurait été mauvaise et n'aurait rien produit, ce qui arrive assez fréquemment.

Après quelques minutes d'arrêt, nous repartons avec le Curé de Miniara, qui nous accompagnera jusqu'à Cheik-Mohammed pour saluer Monseigneur. La descente de la montagne ne se fait pas sans difficulté; il nous faut prêter ici encore beaucoup d'attention pour ne pas tomber, au milieu de ces rochers escarpés et d'affreux précipices, ce qui donne le vertige. Nous rejoignons ainsi, au bout d'une demi-heure, le cortège qui poursuit son chemin.

Avant de nous rengager dans les défilés de la montagne, nous passons sur un pont, qu'on appelle « le Pont Froid » : nom bien mérité, parce qu'il est jeté au-dessus d'une rivière dont les eaux glaciales et tumultueuses proviennent de la fonte des neiges qui recouvrent les hautes cimes des montagnes.

Après trente minutes environ d'ascension, nous tombons à l'improviste dans Cheik-Mohammed. Aussitôt, le mouvement est général dans le pays ; les habitants, agréablement surpris, sortent de leurs maisons et viennent saluer Monseigneur. Des enfants, réunis par groupes, nous chantent, de leurs voix douces et agréables, plusieurs cantiques ; je trouve l'air de ces chants très joli.

Mais je remarque particulièrement un jeune enfant de sept à huit ans, aux cheveux blonds, et dont le charmant visage reflète une douceur angélique, s'approcher de Monseigneur, en élevant ses petites mains vers le ciel ; il adresse une belle prière à Dieu, devant Monseigneur, qui l'écoute avec plaisir.

Ce cantique me parut très beau quant à l'air ; aussi j'en ai demandé la traduction, que voici :

> Grand Dieu, Vous qui êtes cette bonté suprême,
> Assis sur le trône de la Justice même,
> Que vos regards divins soient sans cesse sur nous !
> Me voici humblement prosterné devant Vous !
> Je Vous supplie, Grand Dieu, gardez mon pauvre père,
> Qui est parti bien loin, bien loin, avec mon frère.
> Et Vous, Reine du Ciel, ramenez-les tous deux
> Sains et saufs, et bien riches, en des jours plus heureux.
> O Vous, Grands Saints du Ciel ! ô Vous, Anges de Dieu !
> Qui goûtez du bonheur dans ce parfait milieu,
> Protégez et gardez mon père bien-aimé !
> Que cet amour de Dieu, dont il est animé,
> Ne l'abandonne pas. Voici notre Bon Père,
> Mgr Doumani, qui vient sur notre terre
> Consoler et bénir tous ceux qui sont en pleurs.
> Nous aimons Sa Grandeur, et lui donnons nos cœurs...
> Grand Dieu ! protégez-le, donnez-lui de longs jours
> Et de félicité et de joie pour toujours.

Le père de ce charmant enfant est parti en Amérique,

afin d'en rapporter quelques bénéfices pour pouvoir soutenir sa famille. C'est pour cela qu'il adresse cette prière au bon Dieu devant Monseigneur ravi et profondément touché de cette délicatesse d'un si jeune enfant, qui récitait cette prière tous les matins. Après l'avoir embrassé et caressé paternellement, Monseigneur lui donna quelques bonbons et le bénit.

L'allégresse était générale dans tout le pays, tout le monde s'écriait : « *Ahlan oua sahlan!* » C'est-à-dire : « Soyez le bienvenu, Monseigneur! » Puis encore : « *Elhamdou-li-lah Bissalamé!* » C'est-à-dire : « Grâce à Dieu pour votre heureuse arrivée! »

Après que Monseigneur eut remercié et salué toute cette bonne population, nous avons repris notre marche, précédés de tous les enfants qui gambadaient joyeusement. « Quel bonheur ! s'écriaient-ils ; voilà Monseigneur, voilà notre père qui vient! »

Oui, ces braves montagnards ont grandement raison d'appeler Monseigneur leur « père. » Le vénérable Prélat mérite bien ce titre, et c'est une joie profonde pour son cœur d'Evêque de voir sa récompense et le fruit de ses labeurs dans l'affection que lui témoignent ses enfants.

Je m'arrête un instant pour me joindre à ces enfants et proclamer du fond du cœur les hautes vertus et la sainteté de notre vénéré Père, dont le visage toujours souriant est le miroir éclatant. C'est bien là vraiment l'homme des temps apostoliques ; tous nous remercions Dieu d'avoir donné à ce beau et immense diocèse un Prélat aussi digne et aussi saint ; cette sainteté se manifestera, comme nous le verrons dans la suite des événements.

Parvenus à peu près à trois cents mètres de l'église, le Curé arriva, revêtu de l'étole, et l'encensoir à la main. Les enfants, qui l'entouraient, chantaient : « Hosanna ! Béni soit Celui qui vient au nom du Seigneur ! » De tous côtés, les femmes saluaient à leur façon très bizarre et qui m'égaya beaucoup. Toutes, groupées sur les terrasses, chantaient ce qu'on appelle des « *zalaguilhs* » en notre honneur. Ceci me paraissait tellement étrange, que je croyais entendre des pigeons roucouler; mais, pas du tout, c'était des chants et des vœux. Elles serrent d'abord les dents les unes contre les autres, les lèvres sont un peu écartées, et en agitant la langue contre le palais et les dents, les chanteuses imitent les tourterelles. C'est une mode arabe! Les jeunes gens du pays participaient à la fête en tirant des coups de fusil.

Après dix minutes d'une marche lente, nous entrons à l'église, qui sert d'école pour les garçons. Monseigneur s'est agenouillé pour prier un instant, ce que nous avons fait aussi. Nous avons remercié le bon Dieu de nous avoir préservés de tout accident durant la première partie de notre voyage. Puis Sa Grandeur remercia chacun, en termes très affectueux, de l'aimable accueil qu'on venait de lui faire. Enfin, après qu'elle eut caressé et béni les enfants, nous descendîmes chez le Curé. Là encore, il fallut recevoir tout le monde, pendant que le pauvre curé, enchanté et surpris, s'empressait de nous rafraîchir en nous offrant de la limonade et le café, qui est l'indice de la séparation; les visiteurs se lèvent donc, baisent l'anneau de Monseigneur et se retirent respectueusement.

Cheik-Mohammed.

Cheik-Mohammed est un village situé, comme nous l'avons dit, sur le flanc de la montagne; c'est le premier qui s'est converti au Catholicisme, mais qui par contre fut terriblement persécuté. En voici un exemple entre mille.

Une violente querelle s'était élevée entre deux Schismatiques, et, au plus fort de la lutte, l'un d'eux succomba sous le poignard de son adversaire. Le meurtrier se mit sous la protection de ses coreligionnaires, qui, ayant en ce moment la force, le nombre et l'argent, mirent leur disciple à l'abri de toute poursuite de la justice turque. Or ils accusèrent les Catholiques du meurtre et s'attirèrent les bonnes grâces du Gouvernement. Disons en passant qu'il existe en Orient un usage assez bizarre : on l'appelle *la Fureur du Sang;* c'est-à-dire que la famille de l'assassiné a le droit de se venger pendant trois jours, en pillant, incendiant la maison de l'assassin, et même elle peut massacrer les parents ou les amis, sans être inquiétée par le Gouvernement.

Mais, pour éviter cette scène de sauvagerie, l'autorité turque mit en prison les neuf notables grecs-melchites-catholiques, parmi lesquels se trouvait le Rév. Père Athanassios Sérougy, premier curé du village. Le Gouverneur entretenait constamment cette dissension entre Schismatiques et Catholiques afin d'en recueillir de fortes sommes d'argent de part et d'autre ; car, en servant les Schismatiques, il pensait obtenir un bon bacchiche (salaire) du Patriarche Catholique, qui, indubitablement, userait de ce moyen pour la délivrance des prisonniers. Parmi ces derniers, le Rév. Père Sérougy dut être incarcéré pendant huit mois, les autres restèrent en détention durant une, deux et même trois années longues et pénibles. Enfin l'heure de la délivrance avait sonné, et ils ne durent leur liberté qu'aux lettres les plus pressantes du Consul de France et du Patriarche Catholique de Damas, qui versa 3.000 fr. pour faire réhabiliter les victimes de cette atroce calomnie, et 2.000 fr. pour leur entretien et leur nourriture en prison.

Les Schismatiques, se voyant déçus dans leur infâme projet, s'attaquèrent aussi aux Maronites, qui ont pour Monseigneur une très profonde affection, à cause des bienfaits dont Sa Grandeur ne cesse de les combler. Et, bien qu'il y ait une différence entre Maronites et Grecs-Melchites-Catholiques, pour le rite et la nationalité, la charité ne se lasse pas et frappe quand même à toutes les portes, puisque tous, frères en Jésus-Christ, s'aiment, s'entr'aident mutuellement et tendent au même but, c'est-à-dire au triomphe de Jésus-Christ et de sa Sainte Eglise.

C'est pour toutes ces raisons que plusieurs Maronites furent mis en prison. Eux aussi furent des martyrs de la foi ; comme les Chrétiens des temps apostoliques, ils surent, par leur humilité, défier et déconcerter leurs accusateurs et leurs bourreaux. Désireux avant tout de partager le sort de leurs frères, ils se laissèrent emprisonner, voulant garder leur âme immaculée de toute souillure et dans toute sa pureté.

Mais, vaincus par tant d'héroïsme, les Schismatiques allèrent plus loin dans leur fanatisme ; ils s'attaquèrent même à la personne de Mgr l'Evêque de Tripoli.

C'était dans les premiers temps de son Episcopat : Monseigneur relevait son évêché de ses ruines ; les moyens de défense et de protection n'étaient donc pas suffisamment assurés.

Or, un soir que Sa Grandeur reposait dans sa chambre à coucher, une troupe d'énergumènes lança contre sa maison des pierres, dont une brisa une vitre de la fenêtre, passa au-dessus du lit et roula à quelques pas seulement. Ce projectile, lancé avec force, aurait pu tuer le Prélat sur le coup ; heureusement, il ne fut pas atteint ; c'était un vrai miracle que le Ciel permettait, comme il le fera encore plus tard.

Aujourd'hui, ce village de Cheik-Mohammed est le plus tranquille du diocèe et se trouve en bonne voie de prospérité. Il a 1.200 habitants, dont 500 sont Catholiques, 600 Schismatiques environ (mais plus de la moitié de ces derniers se sont convertis récemment), et enfin une vingtaine de protestants. Les enfants reçoivent l'instruction dans deux écoles, dont une pour les garçons et une pour les filles. Les Schismatiques ont une église, mais point d'écoles ; alors, ils envoient leurs enfants aux nôtres; quant aux protestants, ils n'ont qu'une école pour les garçons.

L'instruction des enfants est le principal souci de Sa Grandeur; les professeurs leur enseignent la lecture, l'écriture, le calcul, des notions d'histoire et géographie; aux jeunes filles, on apprend en outre à coudre, à broder, et quelques notions de ménage, etc., etc.

Tout le monde connaît l'affection très grande que Monseigneur nourrit pour la France, et chacun sait que le Prélat se fait un devoir de travailler à répandre l'influence de notre patrie; aussi a-t-il décidé, cette année-ci, l'étude obligatoire de la langue française dans toutes les écoles de son diocèse. Sa Grandeur tient absolument à ce que ses diocésains aient une notion suffisante de cette belle langue pour apprendre à aimer la France.

Quelques minutes après notre arrivée, Monseigneur commença sa Visite Pastorale. Après que le Curé lui eut exposé l'état général de la paroisse, Sa Grandeur sortit pour voir les constructions de la nouvelle église.

En l'année 1900, Monseigneur avait acheté un terrain tout près de l'école, car la pièce de terre où se trouvaient l'église et l'école était beaucoup trop étroite; le terrain avoisinant, magnifique et tout à fait propre au rôle qu'on lui destinait, donnait ainsi la faculté de réédifier le presbytère et l'école avec le jardin. Cette pièce de terre avait mille mètres carrés environ, et coûtait 2.000 fr. Les villageois nous ont assuré que si nous avions dû l'acheter plus tard, elle aurait coûté 3.000 fr., sans compter le mur d'enclos qui, lui seul, en a coûté 1.000.

Sa Grandeur a eu la pieuse pensée de dédier la nouvelle église (aujourd'hui complètement terminée) à Notre-Dame du Sacré-Cœur; c'est la première de toute la Syrie, et même de tout l'Orient, qui a été édifiée sous ce vocable. Elle est splendide et construite sur le modèle des églises de France. Aussi les Schismatiques, aussi naïfs que des enfants, la considéraient comme une forteresse, parce qu'ils s'étaient aperçus que les murs avaient une épaisseur de plus d'un mètre. Naturellement, il fallait une conclusion, et ils ne tardèrent pas à la trouver. « C'était, disaient-ils, une forteresse, dans laquelle l'Evêque Catholique ferait placer des canons venus de France, pour bombarder et prendre le pays ! ! !..... »

Voilà de quel esprit sont animés les Schismatiques. Il était de toute nécessité de construire une église sur de solides fondements, afin qu'elle pût servir longtemps. Mais combien de sacrifices a dû faire Monseigneur ! combien de peines et de déceptions il a endurées ! Les travaux avaient été interrompus pendant bien longtemps, et cette église inachevée se gâtait : les événements, les tracasseries occasionnées par les Schismatiques en étaient la cause ; et Monseigneur voulut l'achever à tout prix, parce qu'il craignait des ennuis d'un tout autre genre de la part du Gouvernement. N'ayant pas d'argent, il dut faire un emprunt, et réussit à terminer complètement son église, qui coûta 12.000 francs. — Malgré toutes ces grandes dépenses, nous en sommes très contents et à l'abri de toute inquiétude.

La vieille église est moins une église qu'un appartement vulgaire, dans un lamentable délabrement. Une porte massive, qui paraît être vieille de plusieurs siècles, en ferme l'entrée, ce qui lui donne l'aspect d'une citadelle. Il y fait très sombre ; les murs, noircis par le temps, ajoutent encore plus à l'obscurité ; il ne faut pas penser aux « vitraux », qui ne consistent qu'en de petits morceaux de verre, ressemblant à de grosses loupes. Ici, il n'y a que de la pauvreté : çà et là, quelques vieux tableaux ; un vieil autel en pierre, de vieux bancs ; au coin de la porte une ancienne civière, dont on se sert pour ensevelir les morts : voilà le décor. Dans ces pays de montagnes, il n'y a pas toujours de cercueils ; les habitants sont pauvres, et souvent leurs moyens ne leur permettent pas de s'en procurer. Le défunt est alors porté sur cette civière funèbre jusqu'au cimetière ; après la cérémonie, on le jette dans la fosse. Coutume bien étrange d'ensevelir les morts, mais qui pourtant est scrupuleusement conservée chez les montagnards syriens.

Une autre chose me causa beaucoup d'inquiétude ; c'est que cette église n'avait point de clocher ; partout je cherchai la cloche, mais en vain. Je ne pouvais pas comprendre une église sans cloche, qui en est l'âme, et j'espérai pourtant faire un beau carillon.

Le Curé, ayant appris de Monseigneur le sujet de mes recherches, me fit signe de le suivre (car il ne comprend pas le français). Mais quelle ne fut pas ma surprise quand je vis, au lieu d'une belle cloche, une humble barre de fer, longue d'à peu près un mètre et épaisse de trois à quatre centimètres ! Elle est suspendue à deux énormes clous par une belle corde « barbue. » Cela devient vraiment intéressant. Magistralement, le Curé prend en main un petit marteau, mais de ces petits marteaux qui ont dû faire un long service actif, à en juger par une affreuse mutilation. Cependant ils sont encore aptes à remplir leur fonction vibrante. Voilà donc les deux battants de cette cloche improvisée. Et d'une main très leste, le Curé fait chanter cette barre de fer, dont les sons se répercutent d'écho en écho dans la montagne. Tout cet ensemble ne manque pas d'un certain charme.

Monseigneur, attristé de tant de pauvreté, va encore dépenser un millier de francs pour munir la nouvelle église d'une magnifique cloche, fondue dans le pays même.

Après cette petite séance, nous retrouvons tout le monde chez le pauvre Curé. Hélas ! quel presbytère ! La chambre qui abrite le pasteur est bien trop petite ; elle a quatre mètres de longueur, sur quatre de largeur, et est très pauvrement meublée. Une armoire tout simplement en bois blanc sert de bibliothèque et de buffet pour la vaisselle, le linge, etc. Tout cela est pêle-mêle : une vieille table blanche dans un coin, un méchant lit, surmonté d'une moustiquaire et assiégé par une armée de puces et de moustiques. Le long de la fenêtre, un assez joli petit divan, couvert des célèbres tapis de Turquie, forme la seule ornementation de la demeure. De la fenêtre, nous avons un des plus beaux panoramas de la contrée. Nous sommes à plus de cent cinquante mètres d'élévation : sur la gauche, les montagnes, qui portent sur leurs flancs de petits villages isolés ; en bas, de profondes vallées où règne une luxuriante végétation. Au lointain, sur notre droite, nous apercevons Tripoli sur son promontoire, au bord de cette Méditerranée qui offre l'aspect d'un beau et grand lac tout embrasé par les rayons d'or du soleil couchant ; en regardant au bas de la montagne, c'est la plaine toute dorée par les épis de blé, qui donnent l'idée d'une mer agitée par des flots d'or.

Si la Syrie appartenait à l'une des puissances de l'Europe, en particulier la France, quel beau pays ce serait ! quelle richesse ! Hélas ! le joug musulman entrave tout développement, et la richesse reste enfouie.

Mais revenons à notre pauvre Curé qui, enchanté de recevoir son Evêque, court par-ci par-là pour veiller aux préparatifs du repas du soir. Tous les habitants viennent apporter en nature le tribut de leurs hommages respectueux, si bien que le digne pasteur de Cheik-Mohammed n'a pas à faire trop de dépenses.

Dans ces pauvres contrées, il n'y a pas de table proprement dite, et on mange de deux façons : ou bien sur de jolies nattes, très recherchées par les Européens, ou bien sur de petites tables qui ont à peu près soixante centimètres de hauteur.

L'habitude dans ces pays est de manger avec les doigts, à l'exception de l'étranger, comme moi, par exemple, à qui l'on donne des instruments argentés plus ou moins, selon la richesse du propriétaire. Mais il est vraiment curieux de voir tous ces braves gens manger à la main. D'abord les convives se rangent en cercle, sur les nattes, les jambes pliées comme les chameaux ; au milieu, on dépose les mets préparés dans d'immenses plats en fer-blanc ; puis chacun pose son pain à côté de soi. Ce pain n'est pas comme celui de Paris ; il est rond, mince comme une feuille de papier ; quand on le mange, on se croirait « papivore », car il se déchire comme le papier, et dans la bouche il fait le même effet. Ce pain montagnard n'est pas du tout de mon goût ; je dis qu'il est bon pour faire plaisir au boulanger, mais j'en mange le moins possible. Après que Monseigneur eut béni ce genre de table orientale, tout le monde s'accroupit. Pour moi, ne pouvant pas faire le chameau, je me fais apporter un siège, car autrement c'est trop fatigant pour ceux qui n'en n'ont pas l'habitude. Généralement les repas se composent de riz cuit au beurre où à l'huile, qui se mange avec du lait caillé afin de l'avaler plus facilement.

Dans l'intérieur des terres, les habitants mangent comme les Chinois, ou bien encore de cette façon : on dépose dans le creux de la main une certaine quantité de riz, après l'avoir préalablement assaisonné on le lance dans la bouche ; les autres mets arrivent aussi de l'autre main, de sorte que c'est un mouvement de va-et-vient automatique.

Le chef de la maison se tient debout, pendant toute la durée du repas, derrière les convives qu'il égaye par ses bonnes paroles et ses manières affables. Lorsque quelqu'un a terminé, il se lève et cède la place à un autre, qui en fait autant pour un troisième, et ainsi de suite jusqu'à la fin. Quant à celui qui préside, il doit attendre que tout le monde ait fini, et alors il récite les grâces, si c'est un prêtre.

Pour la nuit, nous avons dû nous séparer, car la chambre du pauvre Curé est bien trop petite pour tant de monde ; les uns se retirèrent dans l'école, d'autres chez des Catholiques empressés de rendre service. Je restai chez le Curé avec Monseigneur. Nous sommes comme le soldat en campagne ; notre mission est à la

fois une campagne faite pour le Christ et la France ; c'est
dire que nous n'avons pas les belles chambres et les
mêmes aises qu'à Tripoli. On s'habitue à toutes les
misères, qui sont toujours bien douces et bien agréables
quand elles sont endurées pour Dieu et le salut des
âmes.

Mais, vraiment, c'est fort pénible d'y dormir. Chez le
Curé, c'est passable ; mais chez les habitants, c'est autre
chose. Les hommes et les animaux dorment ensemble
sous le même toit, au milieu d'une grande malpropreté ;
les dormeurs reçoivent inévitablement la visite peu
agréable des terribles moustiques et autres insectes, qui
nous avertissent de leur présence par des grondements
affreux. Ces bêtes-là sont toujours en colère, les dormeurs s'impatientent, et voilà la guerre déclarée : les
hommes disputent, et se secouent ; les animaux font
entendre un concert de rugissements : voilà la vie. Il
faut ajouter à cela les pleurs des enfants, qui ressemblent
parfois à des miaulements de chats.

Nous dormions, Monseigneur et moi, par terre sur une
natte recouverte d'un matelas *qui vole au vent,* c'est-à-
dire, selon l'expression arabe, matelas très mince.

Ce modeste lit mesure à peine 1 m. 20 de longueur, de
sorte que l'on a toujours les pieds en dehors, sur la
natte ; les couvertures ont les mêmes dimensions, et les
oreillers sont généralement de paille.

Je demandai au maître d'école pourquoi ces lits étaient
si courts.

« — Lorsque le villageois, me répondit-il, revient des
champs, il est tellement exténué de fatigue qu'il n'a pas
le temps de se laver les pieds qui ont toujours été dans
la terre labourée ; à peine a-t-il pris une très maigre et
grossière nourriture, qu'il se jette ainsi sur ce lit volant,
les pieds sur la natte, comme s'ils ne faisaient point
partie du corps. »

Ceci nous fit rire beaucoup, sans pouvoir leur donner
quelques leçons d'hygiène. La vie du paysan est extrê-

mement pénible ; à la fin de leur journée, ils sont morts de fatigue, tellement qu'ils se jettent parfois, aussitôt rentrés, sur une simple natte.

Nous avons eu une bonne nuit, sans avoir trop ressenti les piqûres des moustiques ; au lever du soleil, la terrible voix du Père Ananie nous a réveillés, en nous chantant un bel *Alleluia !* Monseigneur est très alerte et très gai, la fatigue de notre premier voyage est passée. La messe de Monseigneur est annoncée par la fameuse cloche, que le Curé fait gronder trois fois. Avant de quitter l'église, Sa Grandeur remercie encore une fois toutes les per- sonnes présentes de l'accueil qu'on lui a fait ; puis il caresse les enfants, très contents de voir leur Evêque, ce qui n'arrive pas tous les jours. Nous rentrons au presbytère, où nous prenons un peu de lait et de café. Après ce modeste déjeuner, nous plaçons nos valises sur les mulets et nous remontons sur nos montures, qui nous attendent depuis dix minutes.

On nous fait de touchants adieux, mais Monseigneur console la population en lui promettant de revenir bientôt.

Il est 8 h. 10 quand Monseigneur donne le signal du départ. Le moukre se place en tête de l'escorte pour nous guider à travers les montagnes et les plaines, car notre janissaire, étant Alépin d'origine, ne connaît pas ces contrées, où l'on s'égare facilement, puisqu'il n'y a pas de carte-d'état-major d'établie.

Tout autour de nous, ce ne sont que ravins et cas- cades, qui bondissent follement et jaillissent au fond de l'abîme en une poussière d'argent ; ce spectacle me rappelle ces beaux vers de Lamartine, qui s'appliquent bien ici :

> Voyez, sur ces rochers que l'écume a polis,
> Voyez étinceler aux flancs de ces montagnes
> Tous ces torrents sans source et ces fleuves sans lit.
> La cascade qui pleut dans le gouffre qui tonne

Frappe l'air assourdi de son bruit monotone ;

. . . .

    De précipice en précipice,
Débordant, débordant à flots toujours nouveaux,
Elle tombe, et se brise, et bondit, et tournoie,
Et du fond de l'abîme où l'écume se noie,
Se remonte elle-même en liquides réseaux,
Comme un cygne argenté qui s'élève et déploie
    Ses blanches ailes sur les eaux !

Grimpés sur les rochers, même les plus escarpés, les habitants du village nous envoient un dernier adieu, et crient : « Mac-Salame ! »

Ce que l'on craignait arriva précisément : nous nous sommes égarés ; nous avons erré pendant plus d'une heure. Nous avons dû rebrousser chemin jusqu'à la rivière, que nous avions franchie déjà. Là, nous nous orientons, et nous nous remettons dans notre chemin. Nous avons perdu un temps précieux, plus d'une heure ; Marmarita est bien loin, et nous n'y arriverons que dans la soirée, vers 6 h. environ.

Nous nous sommes arrêtés, à 10 h., auprès d'un magnifique pont de pierre, pour y prendre notre repas ; je remarque tout près de nous, sur une large natte, des boules blanches, que je prenais pour des œufs d'autruche ; c'étaient tout simplement des fromages, ayant en effet la forme exacte d'un œuf, et que l'on exposait au soleil.

Nous jetons un coup d'œil sur les voyageurs de la diligence qui passe en ce moment, mais nous n'y voyons personne de notre connaissance ; alors nous laissons passer cette diligence qui fait le service régulier entre Homs et Tripoli.

A midi, nous franchissons ce grand pont, et nous nous lançons dans les magnifiques prairies, sillonnées de petits cours d'eau qui se glissent furtivement, avec un doux murmure, à travers les rochers, non loin de là.

A ce moment, un incident s'est produit et aurait pu

occasionner un terrible accident. Nous voulions franchir une rivière marécageuse ; un des prêtres de l'escorte sonde le terrain, et, le jugeant suffisamment solide, s'y engage hardiment, quand tout à coup son cheval enfonce dans la vase jusqu'au poitrail. La bête se débattit furieusement au milieu de hautes broussailles. Le Père Germanos, qui montait le cheval, jugeant les coups inutiles, sauta de l'autre côté de la rive avec une remarquable agilité. L'animal, dégagé de son poids, fit un dernier effort et se releva brusquement. A la grande surprise de tous, cavalier et monture n'avaient aucune blessure. Grâces à Dieu, nous en avons été quittes pour la peur. Nous passons à notre tour, mais avec les plus grandes précautions.

Dans le courant de la journée, nous rencontrons des brigands à figure sinistre qui filent à toute vitesse dans la plaine ; puis une troupe de cavaliers turcs, qui parcourent ces contrées afin d'y faire la police, car il y a beaucoup de brigands. Ils nous saluent militairement, c'est-à-dire qu'ils portent leur main droite à plat à leur bouche, de manière que l'avant-bras forme avec le corps un angle droit ; de là, ils la portent au front, et la laissent tomber automatiquement. Tout le monde répond par le même salut.

Vers 2 h. de l'après-midi, on nous signale Marmarita, où une lutte terrible se déchaînera, et nous retiendra pendant plus de trois semaines.

Dans la capitale du Schisme.
Marmarita.

C'est donc ici le centre du Schisme, c'est ici que se produisit la première dislocation ; revenons un peu aux événements de 1902, afin de mieux comprendre pourquoi touté une nation brisa un jour ses chaînes pour venir se réfugier à l'ombre de l'étendard sauveur du Christ et montrer tant d'amitié et tant de reconnaissance pour Mgr l'Evêque de Tripoli.

Marmarita est le siège d'une illustre famille, très riche, très influente et très instruite, la famille des Bachours, appartenant aux trois grands districts : Akkar, Hossen et Safita ; et de religion schismatique.

Les chefs et les notables qui composaient cette famille furent les plus acharnés à persécuter les Catholiques. Le châtiment ne devait pas longtemps se faire attendre, et de persécuteurs qu'ils étaient, ils devinrent des victimes ; le bon Dieu renversait les rôles pour préparer d'autres événements et le triomphe de son Eglise.

En cette année 1902, trois Musulmans, très influents et de très noble famille, furent assassinés, pour des motifs que personne n'a jamais connus. Immédiatement, l'autorité locale ouvrit une enquête, et, après examen plus ou moins juste, accusa tous les chefs et notables de la famille Bachour d'avoir commis ce meurtre.

Cette accusation, dont la fausseté n'était que trop évidente, produisit une profonde sensation dans le monde schismatique ; l'orage grondait sourdement, et tout le monde prévoyait une sanglante collision entre Musulmans et Schismatiques.

Averti de ce qui se passait, le Gouvernement se hâta de faire arrêter les accusés ; les gendarmes se présentèrent à l'improviste en leur domicile, les capturèrent pour les jeter ensuite brutalement en prison, à la grande consternation des Grecs-séparés, et malgré leurs vives protestations.

Monseigneur, que cette atroce calomnie affligeait profondément, oublia toutes les vexations de cette famille, et voulut répondre au mal par le bien.

Dans un élan sublime de charité, Sa Grandeur délégua son vicaire général auprès des Evêques Schismatiques, afin de leur offrir son intervention et de les aider à réhabiliter les prisonniers.

C'est avec empressement et avec reconnaissance qu'ils acceptèrent, car ils connaissaient déjà la puissance et l'activité du nouvel Evêque Catholique.

Monseigneur se mit immédiatement à l'œuvre, et envoya à Sa Majesté le Sultan trois dépêches successives, signées de sa main, et par Mgr l'Evêque Maronite de Tripoli, ainsi que par les deux Evêques Schismatiques d'Akkar et de Tripoli ; elles eurent un merveilleux effet.

La première portait une plainte très grave contre le Gouverneur, justement accusé d'avoir soutenu la calomnie. Sa Majesté répondit aussitôt, et le Gouverneur fut relevé de ses fonctions et remplacé par un maréchal militaire.

Ce nouveau fonctionnaire suivit la même politique que son prédécesseur et appuya les Musulmans dans l'accusation. En présence de faits aussi odieux, Sa Grandeur lança à Constantinople une seconde dépêche, dont la réponse ne se fit pas attendre ; le maréchal fut disgracié ; le lendemain, il prenait le chemin de Damas.

Le procès devait se faire à Tripoli même, selon les règles ; mais le tribunal ne jouissait pas de la confiance de Mgr l'Evêque de Tripoli, qui envoya, d'urgence, une troisième dépêche à Sa Majesté pour lui demander le transfert, à Beyrouth, du procès et des prisonniers. Pour cette circonstance, le Sultan mit la loi de côté, et donna tout pouvoir au généreux Prélat.

Accompagné de l'Evêque Schismatique (1), Monseigneur partit immédiatement pour Beyrouth, où il resta quatre longs mois. A peine arrivée, Sa Grandeur se rendit chez le Consul général de France, M. le comte de Sercey, bien connu de tous pour ses hautes qualités et ses nobles sentiments.

Après lui avoir exposé la grave situation, le zélé

(1) C'était l'Evêque Schismatique d'Akkar.

Prélat lui demanda son intervention, et le pria d'user de tous ses pouvoirs afin de rétablir la justice et éviter de faire couler le sang, car les esprits s'excitaient, et tout était à craindre.

M. le Consul remercia vivement Monseigneur, qui du reste était son grand ami, et lui donna l'assurance que l'on obtiendrait pleine satisfaction. En effet, le Consul général n'épargna pas les membres du Gouvernement, et les fit tous trembler.

Très souvent, Sa Grandeur visitait les prisonniers, les consolant et les encourageant. Ceux-ci, anciens ennemis des Catholiques, furent étonnés de tant de générosité : c'est de tout leur cœur qu'ils remercièrent leur digne défenseur, lui déclarant que si un jour la liberté leur était rendue, ils sauraient se rappeler le dévouement de celui qu'ils avaient persécuté et auquel ils demandaient le pardon.

Quatre longs mois se passèrent, le procès traînait en longueur. M. le Consul multipliait ses démarches et en arriva AUX MENACES, lorsqu'un jour on apprit la mise en liberté des prisonniers et leur réhabilitation officielle.

L'émotion fut grande en ville ; de toutes parts, ce ne furent que de justes éloges pour M. le Consul général de France et Mgr Doumani, ces deux illustres personnages qui ont su, encore une fois, faire grandir l'influence française dans cette triste affaire.

Il faut remarquer que l'action de l'Evêque Schismatique fut absolument nulle ; et, sans l'intervention de Monseigneur, il n'aurait pu rien faire, d'autant plus que M. le comte de Sercey déclara à Monseigneur qu'il n'agissait que parce qu'il était son grand ami ; mais pour l'autre, il n'aurait rien fait.

De la part des prisonniers, ce furent d'unanimes et touchants témoignages de reconnaissance et de profonde vénération pour le vaillant Evêque, et aussi *pour la France,* personnifiée en son digne représentant.

Toutes les populations ont prouvé cette affection en

se déclarant Catholiques, à la suite de graves dissensions à propos du nouvel Evêque, ancien domestique de l'Evêque Schismatique de Tripoli ; et en nous faisant une grandiose réception, vraiment royale, comme on le verra pendant toute la durée de notre visite diocésaine.

Notons que l'Evêque d'Akkar vint à mourir, et laissa le siège vacant pendant longtemps, ce qui était un mépris de la part du Patriarche Schismatique. Sans perdre de temps, l'Evêque Schismatique de Tripoli affubla son domestique d'une soutane et d'une barrette, puis, le trouvant assez digne, le proposa pour l'épiscopat (1) ; les suffrages des populations le rejetèrent, et le Patriarche semblait se conformer aux volontés de la nation, quand, un beau jour, il le fit sacrer Evêque et l'imposa de force au peuple. Il y eut un choc, les populations s'écartèrent, et profitèrent de cette circonstance, longtemps attendue, pour se convertir.

Nous avons mis trois grandes heures pour gravir la montagne ; sur notre droite, nous voyons une énorme forteresse, présentant l'aspect d'un formidable garde-côte cuirassé et bâti sur un rocher hardiment projeté au-dessus de profonds ravins ; c'est là que réside le Kaïmmacam (gouverneur).

Ce pays est inculte et très rocailleux ; la montagne possède de riches mines de houille (2), que l'on rencontre à fleur de terre ; malheureusement, ces mines sont abandonnées, et les habitants meurent de faim parfois, ayant sous leurs pieds d'immenses fortunes. Mais, le régime de Mahomet est là ; c'est dire qu'il y a beaucoup de fanatisme, et que les Turcs n'ont rien de bon.

Comme les passages sont trop dangereux, je préfère descendre à terre et tenir mon cheval par la bride ; c'est

(1) Cet Evêque espérait être un jour nommé Patriarche ; c'est dans cette intention qu'il voulut pousser à la roue, mais sans réussir.

(2) Ce pays possède bien d'autres richesses ; c'est ce qui attire la convoitise des puissances, notamment de l'Angleterre, qui ne tardera pas à mettre la main sur ces contrées, puisque la France s'en désintéresse.

plus prudent, car on glisse sur ces rochers comme sur la glace.

Vers 5 h. 1/2, nous sommes aux portes de Marmarita ; notre janissaire prend en main la crosse de Monseigneur et ouvre la marche triomphale.

Un jeune homme, le neveu du Curé, vient à notre rencontre pour saluer Monseigneur et repart, à toute vitesse, avertir ses compatriotes qui nous attendent depuis la veille.

En un instant, toute la population est sur pied ; partout ce sont des cris et des chants de triomphe ; les étendards s'agitent, les coups de fusil ne cessent de nous saluer ; c'est une allégresse générale. Hommes, femmes, enfants, jeunes et vieux, tous accourent saluer leur nouveau Père tant attendu.

Devant ce flot humain, toujours grossissant, l'escorte s'arrête. Monseigneur met pied à terre, et alors ce sont des bénédictions de part et d'autre. Moi je reste à cheval, derrière le janissaire, et la procession s'ébranle. Le Curé, revêtu de ses ornements sacerdotaux et entouré de son clergé, présente l'encens et l'eau bénite à Monseigneur, puis les prêtres entonnent le *Benedictus qui venit in nomine Domini*, etc.

A l'entrée du village, une pieuse et sainte femme brûle de l'encens dans un pot de terre, orné pour la circonstance, et qu'elle tient dans sa main au moment où la procession passe devant sa porte.

Nous arrivons lentement à la résidence du vénérable Curé, le R. P. Abdhallah. Après une petite allocution, Monseigneur remercie tout le monde et se retire dans l'appartement où ont lieu les réceptions officielles.

La résidence du Curé ne fait qu'un seul bâtiment avec l'église ; une grande arcade sépare l'église de l'appartement du Curé ; un grand rideau sert de cloison.

Nous sommes dans un salon à la mode turque, bien entendu, car on ne connaît pas les chaises dans ces pays ; nous avons, pour les remplacer, des coussins, posés sur les célèbres tapis de Turquie : c'est dire que nous sommes assis, les jambes pliées en deux, comme font les chameaux. Ceci n'est pas précisément de mon goût, car, n'étant pas bien habitué à ce genre de siège, la fatigue a augmenté celle que j'avais déjà. Monseigneur traduit avec bienveillance mes excuses aux personnes présentes qui me permettent, avec beaucoup de bon sens, de prendre un autre siège et de me délasser selon que je le jugerai opportun.

Les Néo-Convertis.

Nous voilà maintenant au centre du Schisme ; nous allons prendre la défensive contre les attaques des Evêques Schismatiques. C'est ainsi que nous allons nous rendre un compte exact de la sincérité des Conversions, et étudier l'esprit de ces populations.

Nous n'avons pas ici affaire à un peuple comme les peuples d'Afrique et d'Arabie ; nous sommes au milieu d'un peuple intelligent, instruit et façonné aux usages occidentaux, puisque la plupart de ces populations émigrent en Amérique.

Ce peuple néo-converti est dignement représenté par l'illustre et très noble famille des Bachours, dont les membres sont grands fonctionnaires du Gouvernement, et que la persécution n'a pu faire revenir sur leur décision.

Trois principaux notables (1), employés au gouvernement du district de Marmarita, ont demandé à Monseigneur, le soir même de son arrivée, aide et protection, parce que des bruits de révocation circulaient de tous côtés.

En effet, les Evêques Schismatiques, pour se venger

(1) Dont voici les noms : Messieurs : Esper Yasagy, trésorier ; Rachid Yasagy, inspecteur ; Yasagy Affendi, secrétaire.

de cette défection, commencèrent à faire les simoniaques
et à manœuvrer avec de l'argent. Après avoir bien étudié
le terrain, Monseigneur décida qu'il fallait opérer douce-
ment afin, disait-il, d'en obtenir un résultat solide,
quand bien même ce ne serait pas celui que nous
espérons.

Les délégués, représentant la nation, exposèrent les
raisons sérieuses qui les avaient déterminés à se convertir, et sur la demande que Sa Grandeur faisait au
sujet du nombre exact un député répondit : « Il faut
« remarquer, Monseigneur, que tous les villages n'ont
« pas encore répondu à l'appel des villages convertis ;
« les habitants craignent beaucoup d'être victimes de la
« colère des *Schismatiques ;* les autres attendent le
« résultat de tout cela et ce n'est que lorsqu'ils se ver-
« ront libres de tout lien, qu'ils suivront le mouvement.
« Du reste, Monseigneur, ce n'est pas aujourd'hui que
« l'on peut juger cette nouvelle situation, *mais seulement*
« *dans quelques années, car des événements se préparent*
« *qui hâteront la ruine des Schismatiques.* »

Après avoir entendu un exposé suffisant de la situation nouvelle, Monseigneur prit congé de l'assemblée,
m'invita à le suivre, et nous allâmes tous les deux
passer la nuit chez une famille maronite qui témoigne
beaucoup d'amitié pour l'heureux Prélat.

Monseigneur était en proie à une forte fièvre et à un
grand mal de tête ; tout cela disparut heureusement
après une bonne nuit, et le lendemain tout le monde se
réveilla très alerte ; nous ne ressentions plus aucune
fatigue.

Aussitôt après la messe de Monseigneur, une nouvelle
conférence eut lieu. A ce moment, on nous apprit que les
Evêques Schismatiques, au nombre de trois, *avaient
subi une véritable défaite.* D'abord, leur arrivée fut
rafraîchie par une pluie diluvienne, accompagnée d'une
avalanche de grêle, qui ravagea les propriétés seules des
Schismatiques. *Digitus Dei est hic !* C'était un premier

châtiment, et les habitants crurent voir dans cet accident un présage. Nous voyons déjà que ce prétendu présage ne tarda pas à se réaliser.

En chemin l'un des deux simoniaques fit une chute de cheval, qui lui valut une lésion à la main.

A leur approche les habitants les ont fuis comme la peste, toutes les portes se fermaient, personne ne voulait plus les voir. Pourtant, ils entrèrent chez un notable qui consentit à les recevoir. Au bout de dix minutes ils entamèrent la question, mais le notable leur dit à brûle-pourpoint :

« Ah ! pardon, Messieurs, nous ne sommes pas ici pour
« parler de confession, ce n'est plus le moment pour vous.
« Si vous le désirez, je vous engage beaucoup à le faire
« ailleurs, car, ici, je pourrais vous *répondre autrement.*
« Je regrette beaucoup qu'il en soit ainsi ; nous avons
« désormais un chef, Mgr l'Evêque *Catholique* de Tripoli ;
« nous lui devons obéissance. »

Furieux de cette répartie, les Evêques se retirèrent désespérés ; encore une fois ils tentèrent leur course *suppliante :* ce fut en vain.

C'est alors qu'ils changèrent de tactique et achetèrent le Gouvernement à prix d'argent. Tranquilles de ce côté, ils entrèrent en campagne.

Le dimanche, 3 mai, débuta par une grand'messe, célébrée par Monseigneur lui-même. Il était bien édifiant de voir tout ce peuple, anciens et néo-convertis, dans cette résidence, la prière aux lèvres, l'amour de Dieu au cœur, et les yeux fixés sur le Prélat offrant le Saint Sacrifice de la Messe pour ces chères âmes retrouvées. C'est un spectacle vraiment beau que l'on ne trouve nulle part ailleurs ; le païen lui-même en est profondément ému. Ce beau ciel de la Syrie est bien un coin du Paradis.

Après cette grandiose cérémonie, Monseigneur adressa à cette pieuse assistance quelques mots de consolation ; l'énergie et la simplicité remarquables impressionnèrent vivement les Néo-Convertis qui se retirèrent en répétant:

« Béni soit notre bon Père, qui vient au nom du Christ
« Rédempteur. »

Nous reçûmes ensuite les délégués de Tannourim,
village voisin de Marmarita. Ceux-ci saluèrent Monseigneur d'après un usage très curieux, mais qui est très
respectueux en même temps. Aussitôt entré dans l'appartement de celui que l'on visite, on fait une profonde
révérence ; puis, avec la main droite, on touche la terre
et on baise l'anneau de Monseigneur. On porte ensuite
la main à la bouche et au front, et tout le monde s'assied,
tandis que chacun des nouveaux venus reste à genoux
jusqu'à ce que la personne qui préside lui dise : « *Tjad-
dal* », c'est-à-dire : « Veuillez, je vous prie, vous asseoir. »
Après tout ce cérémonial, la conversation commence.

Nouveau triomphe.

Nous avons porté un coup terrible aux Schismatiques
en parcourant le village pour bénir les maisons et visiter
les Néo-Convertis. Nous avons été témoins de deux grands
faits que le bon Dieu a permis pour affermir les néophytes
dans la vraie foi et pour confondre les Schismatiques
obstinés ; c'était en même temps une récompense qu'il
accordait à son Serviteur.

En visitant le village nous sommes entrés chez un
pauvre vieillard que la mort cachait peu à peu dans les
plis de son funèbre manteau ; on nous a dit que cet
homme vénérable était retenu au lit depuis bien longtemps ; la maladie faisait des progrès effrayants, aussi
se préparait-il saintement à la mort.

Monseigneur lui fit une très belle exhortation et nous
invita tous à prier avec lui pour demander à Dieu la
guérison de ce pauvre homme ; puis il le bénit et l'encou-
ragea une dernière fois.

Le ciel nous réservait une agréable surprise, surtout

pour le vénéré Prélat ; au moment où nous rentrions, nous vîmes ce grand vieillard, une canne à la main, se promener tranquillement et l'air radieux. Cette apparition causa dans tout le village une profonde émotion ; de tous côtés ce ne furent que des louanges à l'adresse de Monseigneur, et des actions de grâces à Dieu. Sa Grandeur n'en pouvait croire ses yeux et remercia Dieu de cette manifestation extérieure en faveur de ces pauvres âmes.

Un autre prodige attendait les Convertis. En passant près de l'église schismatique, le Curé, qui nous voyait passer, nous lança des regards de haine et de mépris ; mais le bon Dieu allait lui changer son esprit rebelle par un autre fait non moins éclatant que le premier.

La femme du Curé schismatique (1) fut piquée par un serpent très venimeux. Elle enfla démesurément, la fièvre augmentait, on craignait pour ses jours. Le Curé était dans une grande anxiété, tout le monde déplorait cette perte, non pas à cause de l'amitié, mais parce que ces personnes avaient été trop éprouvées. Soudain, un des convertis eut la bonne pensée de faire bénir de l'eau par Monseigneur ; puis on appliqua une compresse de cette eau salutaire sur la blessure de la malade ; on lui en fit boire aussi et, presque instantanément, l'inflammation diminua, à la grande stupéfaction des assistants ; le mieux se fit sentir et tout danger de mort fut écarté. Deux heures après, cette personne se retrouvait dans son jardin ; le Curé devint moins fanatique, d'autres Schismatiques se convertirent.

____

(1) Dans ces pays de montagne, où les communications étaient difficiles, les Curés, seuls et abandonnés, menaient une vie fort pénible. Alors, pour subvenir à leurs besoins, le rite permit de prendre des hommes mariés, de les instruire et de les ordonner prêtres. Leurs enfants recevaient l'instruction du père et pouvaient prendre sa succession. Cet usage est scrupuleusement conservé jusqu'à nos jours encore. Les pauvres Curés étaient moins isolés. Cet usage tend à disparaître, grâce aux efforts des Evêques, surtout chez les Catholiques ; toutefois, il est encore en grande faveur chez les Orientaux.

. En présence de ces faits, les plus beaux de toute la visite pastorale, on pouvait se croire transporté aux premiers temps du Christianisme. « Mgr Doumani, « disait un jour un saint missionnaire, est véritablement « l'homme de Dieu, l'Evêque des temps apostoliques, où « le peuple et le clergé, témoins de tant de prodiges, « choisissaient des pasteurs prêts à sacrifier leur vie « pour le bien des âmes et pour la gloire du Christ « Rédempteur. »

A notre retour de la visite, nous avons été agréablement égayés par une charmante petite séance, où nous avons pu constater l'excellence de l'éducation des enfants.

Un jeune et bel enfant, Gabriel-Nicolas Adipe, nous joua du sabre avec une habileté remarquable. Armé jusqu'aux dents, avec une « *Durandal* » en main, cet enfant, âgé de neuf ans seulement, opéra une danse arabe ; les mouvements lents et saccadés allaient fort bien à l'unisson des chants de circonstance, et intéressaient beaucoup Monseigneur et toutes les personnes présentes. A vrai dire, par l'éducation guerrière des enfants syriens, on se croit revenu aux temps de la chevalerie française. Pour le récompenser, Monseigneur lui donna une belle image du Sacré-Cœur. A ce propos, il est bon de remarquer que toutes ces petites effigies du Cœur de Jésus ont obtenu dans ces pays d'immenses succès, au delà de toute attente.

Malheureusement, Monseigneur ne peut plus répondre à toutes les nombreuses demandes qui lui sont faites, car il n'en a plus. Mais nous espérons qu'il en recevra de pareilles. Les nombreux amis et bienfaiteurs du vénérable Prélat, qui lui ont envoyé ces emblèmes sacrés, ont beaucoup contribué, et sans le savoir, à étendre l'influence française et à faire connaître le Sacré-Cœur. Au sein de ces populations, bonnes et vraiment religieuses, Monseigneur fait un bien immense avec ces images, car elles leur inspirent la piété et apprennent par là-même à aimer la France, notre bien-aimée patrie ; car l'Eglise et la France ne font qu'une seule et même idée ; grâce aux amis de Monseigneur, les Néo-Convertis connaissent et répètent sans cesse cette belle devise : « *Gesta Dei per Francos !* »

Un désastre.

Au matin du lundi 4 mai, toute la population de Marmarita fut dans la stupeur. On nous apporta une triste nouvelle, celle d'un vrai désastre.

Les Schismatiques, exaspérés, la rage au cœur, la haine aux lèvres, profitant de la présence de l'Evêque Catholique, entrèrent, à la faveur de la nuit, dans la riche propriété d'un des deux notables convertis ; et, armés de haches et de piques, ces bandits coupèrent tous les arbres, dont 400 oliviers, plus de 6.000 mûriers. Chaque arbre avait de 40 à 70 centimètres de circonférence ; les pertes furent évaluées à plus de *cinquante mille francs,* sans compter les blés et les autres récoltes, qui subirent le même sort. Ce fut un grand désastre.

Les malheureux propriétaires, totalement ruinés, vinrent trouver Monseigneur ; de tous côtés, ce n'étaient que des sanglots et des scènes déchirantes de désespoir ; l'un d'eux jeta de dépit tous ses vers à soie, n'ayant plus rien pour les nourrir.

Monseigneur eut beaucoup de peine pour les contenir, car des menaces de vengeance circulaient de tous côtés ; il les rassura autant qu'il lui fut possible.

Immédiatement, on fit un long rapport pour le Pacha ; une lettre fut ensuite expédiée au Consul général de France, M. le Comte de Sercey, par l'entremise du Consul de France à Tripoli ; et enfin le Conseil décida une entrevue entre Monseigneur et le Kaïmmacam.

Pendant que Sa Grandeur préparait une action éner-

gique, une ignoble calomnie se tramait dans l'ombre, mais au détriment des malfaiteurs.

Les Schismatiques accusèrent les Catholiques d'avoir ravagé leurs propriétés. Cette accusation était aussi absurde qu'imbécile ; les propriétés appartenaient bien aux Néo-Convertis : or, il était impossible d'imputer le crime aux Catholiques, qui du reste étaient animés d'un esprit de conciliation. Mais les Schismatiques se basaient sur ce raisonnement :

« Le transfert des noms de Grecs-Schismatiques en ceux de Grecs-Catholiques n'étant pas encore fait, le Gouvernement, en visant les feuilles individuelles et les pièces de possession (et dans un procès imminent), verrait que les propriétés sont au nom des Schismatiques ; or les juges (1) ajouteraient foi à ces papiers, et de ce point de repère ils feraient valoir leur accusation. »

Mais l'esprit des ténèbres les avait jetés dans l'obscurité ; et ces naïfs n'ont pas su comprendre que Mgr Doumani s'était mis en règle avec ses Néo-Convertis, et que Sa Grandeur avait dans son bureau toutes les pétitions et les différentes pièces, signées et cachetées.

Dans l'après-midi du mercredi de la semaine suivante, Monseigneur eut une entrevue avec le Kaïmmacam de Marmarita (2). C'est un homme de bonne physionomie, de haute taille ; il paraît très intelligent ; sa figure, encadrée dans une belle barbe noire, lui donne à peu près quarante ans. C'est avec beaucoup d'affabilité qu'il reçoit Monseigneur.

A l'issue de l'audience privée, il dit à haute voix à Monseigneur :

(1) Gagnés par l'argent pour cette circonstance ; selon la pensée des Schismatiques, les juges écraseraient les Catholiques.

(2) Le Gouverneur ou Kaïmmacam a fixé sa résidence dans la citadelle. C'est un ancien château fort, bâti par les Croisés ; 12 tours lui donnent l'aspect d'un garde-côte cuirassé ; les épaisses murailles, percées de meurtrières, tombent en ruine. On y voit encore un immense pont-levis que l'on a restauré ; à l'intérieur, sur les plates-formes, sont les appartements du Gouverneur. Ce château abrite plus de 300 personnes.

« Cette affaire est très grave, Monsieur l'Evêque ; tout le monde ici dépend de Sa Majesté le Sultan, tout le monde donc doit obéir à ses lois. Puisque les Schismatiques s'y sont soustraits, je vais les châtier sévèrement. »

C'était un mensonge qui lui valut plus tard sa révocation.

Le lendemain, une nouvelle pétition fut rédigée et signée par tous les représentants de la nation ; un exprès la porta au Kaïmmacam à qui on demandait le transfert immédiat des noms, en présence de l'Evêque Catholique.

Deux jours après, en effet, un officier de l'état civil se présenta avec tous ses registres. Le transfert sur les registres du Gouvernement se fit en présence de Monseigneur et de 14 membres de la députation nationale. Il est à remarquer que, pour cette longue opération, nous avons suivi la même marche que les Schismatiques, afin d'éviter l'augmentation des impôts, déjà si nombreux.

Je suppose que l'impôt annuel soit de 300 fr., et qu'une famille se compose de 30 membres. Le père de famille se fera inscrire seul sur le registre ; alors trente personnes ne paieront que 300 fr. par an. Mais si toute la famille se fait inscrire, chacun des membres paiera 300 fr. par an, ce qui fera donc *neuf mille francs*, charge trop écrasante en effet.

Ce procédé se fait d'autant plus facilement que le Gouvernement, par une *heureuse* et incroyable incurie, ne se soucie pas de faire un recensement sérieux ; c'est ainsi que beaucoup de familles échappent aux charges très lourdes.

Commencée à 8 h. du matin, l'opération se termina à 5 h. du soir. L'officier reçut un bon bacchiche de 22 méjidis (1) (100 fr.), et se retira avec force remerciements.

Le dimanche qui suivit débuta par une assez violente dispute entre deux paysans et un délégué converti. Ce dernier, M. Malhoulim, avait vendu sa propriété pour

(1) Le méjidi est une monnaie d'argent turque qui vaut 4 fr. 50 de notre monnaie.

8.000 piastres (1.600 fr.) à un ami, M. Nasshim. Le marché avait été conclu sans condition. Or, il arriva que M. Malhoulim voulut reprendre sa propriété. « Très bien, lui dit son ami, mais rendez-moi mon argent. » Précisément celui-ci avait besoin d'argent, et une dispute s'engagea, parce que l'un voulait reprendre son bien sans rendre l'argent. M. Nasshim intenta un procès à son ami, devenu son adversaire; et l'affaire se déroula en présence de Monseigneur (1).

L'un des deux avait évidemment tort. Après un long débat, Monseigneur parvint à les réconcilier, mais il posa cette condition : Un délai de paiement fut accordé; celui des deux qui revendiquait son bien devait attendre jusqu'aux récoltes ; si celles-ci étaient bonnes, et qu'on en pût retirer la somme nécessaire, la propriété serait remise au vendeur et l'argent rendu à l'autre.

Cette condition fut acceptée, et les deux plaideurs se séparèrent bons amis. Le jour même de cette séance de tribunal, le premier juge d'interrogatoire arriva pour expertiser et faire un rapport sur les lieux mêmes du désastre, ce qui demanda trois grandes heures. Pendant ce temps, un prêtre fut envoyé dans les villages voisins pour enregistrer les noms des nouveaux convertis et rendre compte de l'état général.

Mais voilà que, le soir même, on apprend une nouvelle aussi méchante qu'absurde, et qui jeta la consternation dans tous les esprits. Le Kaïmmacam aurait, paraît-il, refusé de signer les feuilles individuelles du transfert.

Monseigneur déclara aussitôt que, si on ne pouvait obtenir justice, il se disposait à aller la chercher à

---

(1) En Orient, l'Evêque a beaucoup plus de droits que l'Evêque latin ; ses pouvoirs sont bien plus étendus. Dans son diocèse, l'Evêque est à la fois un chef spirituel et civil; il a juridiction en toute chose ; c'est ainsi qu'après avoir réconcilié toutes les âmes avec le Bon Dieu, l'Evêque doit écouter et juger toutes les questions de fiançailles, de mariages, d'héritage, de droits de propriété, d'empiètements, de vols, etc., etc. Il doit en outre examiner tout par lui-même et pourvoir aux plus urgentes nécessités de l'église, du presbytère, etc., etc.

Constantinople. Il est tout probable que cette parole fut rapportée au Pacha, car cette Excellence s'empressa de faire répondre qu'il n'en n'était rien, et que les feuilles seraient rendues.

Pendant une grande séance du soir, au moment où la discussion s'animait, il se produisit un incident qui aurait pu occasionner la mort de quelqu'un.

Un affreux scorpion se promenait silencieusement au plafond, quand tout à coup, probablement pris de vertige, ce visiteur tomba au milieu d'un groupe, non loin de la tête d'un jeune homme ; mais un vigoureux coup de pied ne lui laissa pas le temps de se mêler aux affaires et le condamna à mort. C'était vraiment providentiel, car nous étions entourés de serpents et de scorpions ; mais, étant tous sous le même toit qui abritait Notre-Seigneur, nous n'avions rien à craindre.

Le départ.

Enfin, après un long séjour à Marmarita au milieu de ce peuple de Convertis, après avoir aplani en partie les premières difficultés, nous repartîmes le mercredi 28 mai.

Tous les habitants se réunirent pour saluer une dernière fois le glorieux Prélat, qui reçut de touchants adieux.

Jacoir-El-Afs.

C'est un village d'à peu près 500 âmes, qui appartiennent presque toutes au Catholicisme ; de sorte que l'église schismatique est déserte. Nous avons un appartement qui sert à la fois et d'église et d'école. Quelle pitié ! quelle misère ! plutôt une caverne qu'une chambre ! Le cœur saigne en voyant une si grande pauvreté planer constamment sur cette terre : aucune ornementation ;

quatre mauvaises planches vermoulues forment l'autel,
dans un coin, un vieux tableau de saint, qui tient conseil
avec les araignées, voilà tout ; le plancher est une série
de petites montagnes rocailleuses ; pour entrer, il ne
faut pas avoir plus d'un mètre vingt, car on risquerait
de blesser la porte, à moins que l'on ne fasse une bonne
inclination.

C'est vraiment pitoyable ! Le pauvre Curé est en ce
moment en Amérique ; et c'est celui de Marmarita qui
vient le remplacer tous les dimanches. La misère est
tellement grande que nous n'avons pas abordé les
maisons.

Nous nous sommes reposés dans la modeste maison
du Curé, dont la famille nous a reçus. Monseigneur s'est
informé de l'état général de cette paroisse, puis a
questionné les enfants sur le catéchisme et distribué
quelques images.

Après avoir consolé et promis de revenir plus tard,
Monseigneur donna le signal du départ. Hélas ! quelle
profonde émotion me laissa ce village ! les enfants
courent çà et là sans vêtements ; hommes et femmes
grouillent dans une saleté repoussante, c'est la misère
noire ! Aussi, nous autres Français, nous travaillerons
de tout notre cœur à soulager ces pauvres populations
qui succombent sous le joug de fer d'une nation barbare.

Tannourim.

Vers 3 h. de l'après-midi, nous arrivons à Tannourim,
où nous passerons la nuit. Le Curé, revêtu de ses ornements, vint présenter l'encens à Monseigneur, et la
population lui fit une bien respectueuse ovation.

Tannourim est un village de 1.000 âmes environ et
qui, au début de l'épiscopat du grand Apôtre, eut beaucoup à souffrir de la persécution. Là, comme à Jacoir-
El-Afs, la pauvreté est grande ; nous remarquons un
jeune homme de seize ans qui n'a pas de vêtements ;

Monseigneur ordonne qu'on lui achète immédiatement de l'étoffe pour lui faire une robe, comme c'est l'usage du pays de porter ces robes. Le lendemain, avant de partir, Monseigneur procéda à la bénédiction d'un nouveau cimetière, et, après avoir tout réglé, nous nous mettons en route pour le district de Safita.

Nous nous retrouvons maintenant au milieu des rochers, tantôt au sommet, tantôt dans les vallées ; nous faisons un voyage comme si nous étions dans les « *célèbres montagnes russes.* »

Dans le silence grandiose de la montagne, sous ce ciel admirablement azuré, on n'entend que les cris rauques des chameaux que l'on délivre de leur lourd fardeau ; car, chaque fois que ces animaux sont forcés de se mettre humblement à genoux pour cette opération, ils vous font entendre une musique assez désagréable.

En chemin, nous eûmes tous bien peur ; Monseigneur faillit être victime d'un accident. Nous étions sur les flancs de la montagne, dans un chemin très étroit et glissant ; le cheval de Monseigneur fit un faux pas, et s'abattit à moitié. D'une main vigoureuse Sa Grandeur tira vivement sur la bride et releva sa monture ; mais celle-ci, en se relevant brutalement, donna de sa tête un formidable coup au front de Monseigneur, qui en fut étourdi. Son évanouissement ne fut que momentané, mais quelques minutes après, notre vénéré Père était en proie à une forte fièvre, et à un grand mal de tête. Nous avons adressé une prière à Dieu pour que cet accident n'eût pas de suite, et pour le remercier de l'avoir préservé ; car, si le coup avait porté à un doigt de plus, Monseigneur tombait foudroyé. Pendant tout le reste du trajet, nous n'avons pas cessé de fixer notre attention sur notre Père.

Beurge-Safita.

Nous sommes arrivés à Beurge à 4 h. du soir. A plus de deux kilomètres en dehors de la ville, cinquante hommes, armés de fusils, nous attendaient sous un mûrier depuis bien longtemps.

D'aussi loin qu'ils purent nous apercevoir, ces braves gens s'élancèrent à notre rencontre, en faisant éclater un tonnerre de coups de fusil, que les échos de la montagne répétèrent longuement. Nous fûmes bien vite entourés, et les Néo-Convertis, mêlés aux anciens, vinrent baiser la main de Monseigneur, qui les bénit tous avec effusion et dont l'émotion n'était que trop visible et légitime.

Beurge (1) est plutôt une gentille petite ville qu'un village ; il y a 4.000 habitants, dont 600 Noussériés (2) et quelques protestants seulement. Les 2.600 Grecs-Séparés, qui formaient le reste de la population, se sont tous convertis ; ce mouvement fait que toute la contrée est maintenant entièrement catholique.

L'escorte de Monseigneur s'était considérablement accrue ; plus de cent personnes nous entouraient, ayant à leur tête notre avant-garde, et en chantant le *Benedictus.*

Une agréable surprise nous était réservée, lorsque nous fûmes aux abords de la ville (3). Nous entendîmes la cloche de l'église schismatique sonner avant toutes les autres. Les rues étaient noires de monde, les cris et les chants d'allégresse se mêlaient au carillon joyeux de toutes les cloches, et au langage bruyant des fusils ; les terrasses des maisons étaient envahies, les arbres pliaient sous le poids de leur charge ; même les charmantes messagères du ciel, les hirondelles, venaient prendre part aussi à la fête. Ce fut un spectacle ravissant, et touchant ; les enfants, portant en mains de jolies fleurs, chantaient des prières, les femmes grondaient

______

(1) Mot arabe, qui veut dire « tour. »

(2) Secte extraordinaire qui n'est ni druse ni musulmane.

(3) Beurge est disposé en amphithéâtre, et en trois parties très distinctes : la haute et la basse ville, et le bourg, qui sert d'avant-poste. Entre la richesse et la pauvreté, il n'y a pas de milieu ; mais espérons que le Catholicisme relèvera la classe ouvrière, très pauvre.

leurs éternels zalaguiths, et les hommes criaient : « Vive Monseigneur ! Longue vie à Sa Grandeur ! » etc. ; — les coups de fusil se succèdent précipitamment ; la poussière des routes se mêlait à la fumée des feux ; c'était de partout un bruit assourdissant à mesure que l'on pénétrait dans la ville.

De temps à autre, je jette un regard sur Monseigneur, qui me paraît bien fatigué ; et pendant tout le temps que dure cette entrée triomphale, Sa Grandeur doit répondre aux saluts, et répandre un flot de bénédictions.

Sur la place de l'église, tout le Clergé catholique est rassemblé, et vient en grande pompe recevoir son digne Chef. Après les réceptions de circonstance, les Curés de la ville et ceux des environs chantent : « *Oremus pro Antistite* », etc., et nous conduisent processionnellement à l'église (1).

Malgré les immenses proportions de cette église, tout le monde ne peut y pénétrer. Après avoir prié, et remercié très affectueusement, Monseigneur avec sa suite se retira chez le Curé. Sur le balcon, Monseigneur donna une dernière bénédiction, puis gagna ses appartements, où eurent lieu immédiatement les réceptions officielles. La première est réservée aux chefs de l'illustre famille des Bachours ; puis, par une touchante et délicate attention, une centaine d'enfants apportèrent d'immenses bouquets de fleurs aux diverses nuances, et firent de petits discours en leur langue enfantine. Monseigneur les embrasse tous les uns après les autres, ce qui est fort remarqué par les Schismatiques encore obstinés, qui ne peuvent s'empêcher de dire : « Certes, cet Evêque ne ressemble pas au nôtre ! »

A Beurge, malgré l'état de conversion, il n'y aura pas beaucoup à faire, car la paroisse est déjà régulièrement

---

(1) Cette église est toute récente, et il y a encore bien des travaux à faire. On y entre par une magnifique galerie, jusqu'alors inachevée. C'est le vrai type des églises grecques, sauf cependant qu'il n'y a pas encore d'iconostase.

constituée ; il y a deux écoles, une pour les garçons, et l'autre pour les filles ; Monseigneur va donner aux enfants un professeur de langue française, afin que les enfants sachent connaître la France et l'aimer, en apprenant sa langue et son histoire, selon le désir formel de Sa Grandeur.

Nous avons été grandement consolés et très heureux de voir les Néo-Convertis bien solides dans leur foi, et se préparant vaillamment à la lutte ; les anciens donnent un grand exemple de fermeté à leurs frères. J'ai vu de mes propres yeux un jeune enfant qui s'est converti de lui-même en montrant beaucoup de courage.

Agé de douze ans, Michel-Elias-El-Coury déclara un beau jour à ses parents « qu'il était catholique. » Tous les jours, il assiste pieusement à la messe. Pendant le Carême qui suivit sa conversion, il fit ses jeûnes prescrits par l'Eglise Catholique (il est à savoir que le calendrier schismatique (1) n'est pas le même que le nôtre) ; lorsque ses parents ne jeûnaient pas, il les obligeait aimablement à lui faire du maigre ; et quand le jeûne était fini, et que les parents jeûnaient encore, il leur demandait de faire gras.

Ce jeune enfant a pu vaincre ses parents, qui reviennent peu à peu aux pratiques religieuses ; son frère, plus âgé que lui, le suit tous les dimanches à la messe.

Un autre enfant, de six à sept ans environ, et dont les parents sont encore schismatiques, était, un jour de Carême, à une table somptueuse, où l'on servait de la viande. Indigné, l'enfant se leva brusquement, et s'écria : « Nous sommes en Carême, on ne doit pas manger de cela, car Mgr l'Evêque l'a défendu. » Comme on essayait de lui faire entendre le contraire : « Eh bien, dit-il, il faut faire maigre, sinon, je le jette au chat ! personne n'en pourra manger, et tout le monde fera maigre. »

Les parents, étonnés d'une si grande foi dans un si

____

(1) Le calendrier julien ne correspond pas au calendrier grégorien.

jeune enfant, se rendirent à son désir, et l'on servit du maigre.

Ces deux faits prouvent combien l'action de Mgr J. Doumani est grande, et à quel résultat on peut arriver en instruisant les enfants, qui sont semblables, quand une main habile les dirige, à un sécateur, qui coupe les mauvaises branches d'un arbre ; ces enfants préparent la ruine du Schisme, et feront, plus tard, de bons et vaillants catholiques.

Enragés comme des tigres qui voient leur proie leur échapper, les Evêques Schismatiques avaient formellement défendu à leurs curés de visiter l'Evêque Catholique. Mais, les prêtres schismatiques, faisant peu de cas de leurs Evêques, s'empressèrent de venir saluer, avec les notables, leur futur pasteur.

Je dis leur futur pasteur, car ces prêtres sont déjà conquis ; plusieurs ont promis de venir à Tripoli pour abjurer le Schisme et faire leur soumission à l'Eglise Catholique ; les autres attendent la fin de tous les événements afin d'abjurer plus librement.

Le transfert des noms de Grecs-non-Unis en ceux de Grecs Catholiques n'offrit aucune difficulté, et l'opération s'est faite fort lestement, selon le goût du Kaïmmacam qui est *très élastique*.

Quelques jours après notre arrivée, pendant que nous visitions les Néo-Convertis, un notable schismatique nous reçut avec une franche et loyale courtoisie. Son petit enfant, âgé de cinq ans, vint embrasser l'anneau de Monseigneur qui lui demanda : « De quel rite es-tu, mon petit chéri ? » Son père, qui entendit, lui souffla à l'oreille : « Dis à Monseigneur, en français, que tu es catholique. » Alors l'enfant, s'avançant vers le Pontife, balbutia en français : « Je suis catholique. » Bien édifiant et très consolant ; ce qui n'est pas surprenant, car cet homme n'est schismatique que de nom ; au fond, c'est un bon catholique.

Du reste, il faut dire que les Bachours ont facilité le

travail du Prélat ; ils avaient toujours dans la pensée les immenses services que Monseigneur leur avait rendus ; aussi ont-ils à cœur d'en témoigner leur gratitude ; pour cela, il leur fallait une circonstance mémorable ; elle s'est présentée : ils en ont profité.

Au milieu de tous ces événements, nous avons eu le temps de faire une plus ample connaissance avec les terribles moustiques ; il a fallu que nous nous battions avec eux pendant les premières nuits à Beurge ; nous fûmes horriblement piqués et on dut nous installer des moustiquaires afin d'être tranquilles.

Nous avons eu le temps d'aller visiter une ancienne forteresse, dont la construction remonte au temps des Phéniciens ; quant à la tour, elle fut édifiée par les Croisés.

Les anciens remparts sont encore bien conservés ; pour pénétrer à l'intérieur, il faut passer sous une large voûte, très sombre et très humide. La tour est en ruines et comprend deux étages, qui servent d'abri en temps de guerre. Elle a été bien blessée par la foudre, qui l'a fendue en deux parties. Pour atteindre le but de notre visite, nous devons monter 86 marches, ayant à peine 60 centimètres de longueur, tout usées, et brillantes comme de la glace ; aussi faut-il patiner avec la plus grande attention pour ne pas faire des progrès d'écrevisse.

A la première plate-forme, nous visitons la chapelle seigneuriale, dans laquelle il n'y a plus que quelques peintures et sculptures ; les murs ont deux mètres soixante centimètres d'épaisseur, et sont percés d'une multitude de meurtrières. Enfin, après bien de la peine, nous sommes sur la terrasse. Les créneaux résistent encore ; au milieu, un vénérable paratonnerre, qui tremble de vieillesse et tout rongé de rouille. A nos pieds est la ville avec ses jolis jardins fleuris ; aux abords, nous remarquons une immense magnanerie, dont le séchoir ressemble à une énorme cage de bois, ou bien encore à un grand chantier de construction de navires ; tout autour de nous, les hautes montagnes, dont les cimes se cachent dans les nuages. Cet ensemble est très joli.

Le retour. — Un accident.

Après avoir passé cinq jours à Beurge, au milieu de ce peuple de convertis, nous nous sommes remis en route le 19 juin à 3 h. du matin. Nous avons dû partir de très bon matin afin de pouvoir arriver le soir à Cheik-Mohammed ; puis pour nous soustraire à une grandiose manifestation que nous préparait l'heureuse population.

Au moment du départ, je faillis être victime d'un fâcheux accident. Dans ces pays de montagnes, on préfère le mulet, parce qu'il a le pas plus ferme que le cheval. On se résigna donc à cette bête capricieuse ; car le mulet se livre à des folies dont on pourrait bien se passer.

Monseigneur avait recommandé au moukre de me donner un bon mulet, facile à manier. Le moukre s'empressa de promettre et fit précisément tout le contraire. Il avait un mulet très fort, et, pour ne pas le fatiguer, il me le donna, car j'étais le plus léger de tous, comme poids.

Nous étions tous prêts à partir, et Monseigneur donna le signal du départ. Mais au moment où je tirai la bride de ma bête, celle-ci se cabra tout aussitôt, s'emballa et m'éloigna du reste de l'escorte. Après une course furieuse de l'animal, je fus pris entre une rangée d'arbres et un vieux mur ; je me cramponnai au cou de la bête et essayai de déchirer sa gueule avec le mors. Ce fut peine inutile, car, à ce moment, je perdis tous mes sens ; le mulet bondissait, et me frottait les jambes contre le mur et les arbres ; enfin je perdis tout à fait l'équilibre. Malheureusement, j'avais les pieds pris dans les étriers, et je fus entraîné quelques pas, et, je ne sais comment, mes chaussures lâchèrent prise. J'échappai ainsi à une mort certaine ; car cette vilaine bête me lança de furieux coups de pied, qui heureusement ne m'atteignirent pas.

Monseigneur était terrifié, anéanti par la peur. Voyant quelque chose de noir tomber à terre, il crut que c'était moi, et appela aussitôt sans obtenir de réponse. Tout le monde descendit de cheval, et courut vers cet objet, qui n'était autre que la valise, que portait mon mulet. On fit des recherches, à la lueur de faibles lanternes dont on disposait. Enfin, on me ramassa au pied du mur, sur lequel j'avais failli me briser en tombant. Je revins peu à peu à moi, et en fus quitte pour la peur et quelques contusions. Monseigneur avait eu plus peur que moi, et remercia le ciel de ce que l'accident n'eût pas d'autre conséquence.

Je puis dire que je l'ai échappé belle ; les Evêques Schismatiques auraient profité de ce malheur, s'il était arrivé, leur joie aurait été sans bornes, et tout un déluge de calomnies se serait versé sur la tête des malheureuses victimes, en particulier sur Monseigneur. Dieu ne permit pas une telle catastrophe pour assouvir la haine des Schismatiques contre nous. On me donna un autre mulet plus *aimable,* et le voyage se poursuivit sans aucun incident notable.

Nous n'avons pu résister à la fatigue, le sommeil nous surprit ; vers midi nous sommes descendus de nos montures, et nous avons bien dormi sur l'herbe fraîche pendant deux bonnes heures. A 6 h. du soir nous étions à Cheik-Mohammed, où nous avons passé une excellente nuit, qui nous fit beaucoup de bien, surtout à moi, car je n'osais avouer mon extrême fatigue, due surtout à ma chute de mulet.

Le samedi matin, nous repartîmes de fort bonne heure, afin de ne pas attirer l'attention des habitants, qui nous auraient fait encore une ovation à n'en plus finir.

Monseigneur est rentré à Tripoli, extrêmement épuisé, brûlé par le soleil, beaucoup maigri, en cette mission de deux mois, et tout cela à cause des ennuis, des fatigues, de la lutte, qui va désormais changer de face.

Sa Grandeur a bien remercié le Bon Dieu, et l'a béni de toute la plénitude de son âme pour la protection toute providentielle qu'il nous fit en cette chevauchée, et pour tout le bien qu'il a fait par son saint serviteur aux Anciens et Néo-Catholiques. Je m'unis de cœur à notre Père bien-aimé, aux prêtres, et aux paroissiens de la ville épiscopale, et lui rends grâces de nous avoir protégés et conduits au champ de la victoire.

Et maintenant que nous avons retrouvé le palais épiscopal dans son animation accoutumée, nous allons soutenir un autre genre de lutte, qui clôturera cette Visite Pastorale ; si cette dernière partie ne fut pas si longue, elle fut du moins la plus pénible.

LA PERSÉCUTION

Triste rôle de l'Evêque Schismatique.

Bien que les persécutions religieuses soient toujours regrettables, à cause des désastres matériels qu'elles occasionnent, elles sont parfois très nécessaires pour réveiller le sentiment de la foi dans les âmes qu'une longue torpeur retient derrière un voile de ténèbres.

C'est pourquoi Dieu a permis une acharnée persécution contre les Néo-Convertis, qui, ayant compris cette pensée divine, se sont raffermis dans la vraie foi, et dont la persévérance terrorisa les Evêques Schismatiques.

Ces derniers, mettant de côté tout principe évangélique, se sont conduits comme des tigres farouches ; leurs intérêts personnels s'étant trouvés compromis, ils se sont vengés en attaquant Mgr Doumani, dans la personne de ses prêtres ; ce qui confirme bien les belles paroles de saint Jérôme : « L'envie s'attaque toujours aux vertus éminentes, de même que la foudre frappe les hauts sommets. Il ne faut pas s'étonner que cela arrive aux hommes, puisque Notre-Seigneur Jésus-Christ lui-même fut crucifé par la jalousie des Pharisiens... L'Evangile appelle bienheureux ceux qui souffrent persécution pour la justice. »

Nous étions à peine de retour, que les Evêques Schismatiques commencèrent par verser des flots d'argent pour gagner le gouvernement (1). Ce premier pas fait, ils réussirent à protéger les bandits de Marmarita contre toute poursuite judiciaire. L'un des malfaiteurs, pour faire un autre coup de maître, s'élança sur le domestique d'un notable converti ; il lui arracha son fusil, et s'écria audacieusement : « Qu'on vienne me l'enlever, et je saurai répondre ! »

Ceci exaspéra les Catholiques. Pendant ce temps, Monseigneur travaillait de toutes ses forces à défendre les siens. La justice marchait lentement, c'était tout naturel, et les Schismatiques s'en réjouissaient, mais pas pour longtemps, car le ciel permit que le Grand-Gouverneur vînt à Tripoli. Sa Grandeur eut, de cette heureuse occasion, une audience privée avec Son Excellence, et pour le faire agir promptement (2) et très efficacement, elle lui donna un cadeau de quatre mille francs. C'était écœu-

(1) Le Gouverneur de Tripoli, ainsi que celui de Beyrouth, entretinrent d'habiles dissensions, afin d'en recueillir de grosses sommes d'argent, qu'ils dépensèrent bruyamment.

(2) C'était l'heure décisive : ou bien Monseigneur triomphait, alors son œuvre était sauvée ; ou bien il échouait, et c'était une œuvre de sept années de labeurs et de souffrances, qui croulait, pour ne plus jamais se relever ; et les Néo-Convertis se jetaient à bras ouverts ou dans le Schisme ou dans l'Islamisme. Cet acte s'imposait de toute nécessité.

rant, mais nécessaire ; il fallait sauver les âmes des Convertis.

Le Grand-Gouverneur, enfin, secoua sa torpeur volontaire, changea brusquement de face, à la grande surprise des Schismatiques, et donna immédiatement ses ordres au chef des gendarmes :

« — Allez, lui dit-il, avec vos hommes ; je veux que « l'on arrête ces gens-là, et qu'on les amène ici, à Tri- « poli, enchaînés comme des brigands... »

L'Evêque Schismatique de Tripoli essaya quelques protestations, et parla d'innocents, d'injustices, etc., etc. Le Gouverneur lui dit froidement :

« — Sachez, Monsieur, que je n'ai aucun ordre à « recevoir de personne. Sa Majesté le Sultan m'a envoyé « un télégramme chiffré (1) pour défendre les intérêts des « Catholiques, je dois exécuter ses augustes volontés ! »

A cette réplique, l'Evêque Schismatique n'osa plus répondre, et retourna se lamenter piteusement auprès de ses acolytes.

Pendant ces pourparlers, Marmarita voyait un bien joli coup de théâtre ; au moment où les *braves brigands* schismatiques faisaient les *matamores,* les gendarmes, au nombre de dix, s'en emparèrent, les enchaînèrent des pieds à la tête, et les transportèrent ainsi à Tripoli ; deux jours après, le Kaïmmacam de ce district se voyait relevé de ses fonctions, et retournait à Tripoli avec armes et bagages ; le commandant de la police subit le même sort.

Les Schismatiques répondirent aux coups de foudre du vaillant Prélat en faisant peser sur les Convertis une atroce calomnie ; ils réussirent à faire révoquer trois notables convertis aussi, employés au gouvernement de Marmarita ; ils réussirent aussi à adoucir la peine des prisonniers.

Quelque temps après ces actions énergiques de la part de Monseigneur, et très lâches du côté schismatique, *un*

(1) C'était une ruse, le télégramme n'était autre que les 4.000 fr. reçus de Monseigneur. — Très habile.

prêtre schismatique, âgé de soixante ans, se convertit ouvertement au Catholicisme.

Voilà le comble ! voilà le feu aux poudres. L'Evêque Basile (1), gravement offensé, le fit appeler devant lui et, comme Pilate devant Jésus, il lui commanda de retourner à son rite. Sur le refus formel du prêtre, cette Grandeur schismatique le fit battre, lui arracha sa barrette et lui coupa sa barbe parce que, disait cet Evêque, cette barbe, étant grecque, ne devait pas appartenir aux Catholiques. Sottise bien grossière qui ne servit qu'à tourner Basile en ridicule, même parmi les Musulmans.

A la suite d'autres excès indignes, Sa Grandeur partit pour Beyrouth afin d'agir tout auprès du Gouvernement et du Consulat.

M. le Consul général de France se montra plein de bonté pour Monseigneur ; Son Excellence prit note des événements et déclara que tout ceci aurait une fin. Le Grand-Gouverneur en dit autant. Les choses paraissaient aller à souhait ; alors Monseigneur profita de ce moment de calme pour partir en Egypte afin d'exposer la situation à Sa Béatitude Mgr le Patriarche, et de lui demander un secours. Car alors, Sa Grandeur n'a rien absolument pour soutenir un si grand diocèse. Que faire? et comment soulager et protéger les Convertis qui meurent de faim, d'angoisses et d'ennui? Au récit de tous ces malheurs, Mgr Géha se senti très ému et donna un premier secours de 1.000 francs, ce qui est bien peu pour une immense conquête, mais qui du moins aura quelque efficacité.

Le grand apôtre rencontra bien d'autres épreuves à son retour d'Egypte. Au moment de partir à Rome, une fatale nouvelle nous arriva et jeta la consternation dans

---

(1) Cet homme avait été, pendant plus de quinze ans, le domestique de l'Evêque Schismatique de Tripoli. Celui-ci, en raison des nombreux services (de majordome) qu'il lui avait rendus, voulut le récompenser *dignement* en l'élevant à l'épiscopat. Ce fut donc lui qui fut la cause de tous ces événements.

le cœur du Prélat : Sa Sainteté Léon XIII était parti dans l'Eternité. Ce grand Pontife était en effet le soutien de Monseigneur ; quelques mois auparavant, Sa Sainteté avait promis un bon secours pour les œuvres du Diocèse de Tripoli de Syrie ; et voilà que cette promesse semblait s'évanouir quand le Seigneur, qui veille constamment sur son serviteur, donna à Léon XIII un successeur aussi saint et aussi bienveillant. Son Eminence Mgr Sarto montait sur le trône de saint Pierre, sous le glorieux nom de Pie X. C'était le salut pour le Diocèse de Tripoli. Sa Sainteté Léon XIII avait promis ; Sa Sainteté Pie X exécutera ces promesses de son auguste prédécesseur, nous l'espérons.

Par surcroît de maux, Tripoli fut envahi par le choléra ; les habitants se réfugièrent à la montagne et toutes les communications furent interrompues. Nous étions donc enchaînés à Beyrouth. Mais, par un admirable dessein de la Providence, ce séjour forcé fut tout à fait favorable pour le vénérable Prélat.

Aux premiers jours de septembre, une sanglante émeute éclata dans Beyrouth. Les Musulmans attaquèrent un beau matin les Chrétiens à l'improviste. Ceux-ci se défendirent vaillamment et repoussèrent l'assaut des Musulmans; de part et d'autre il y eut beaucoup de tués et de blessés, et ce n'est que sur l'intervention du corps consulaire et de l'amiral américain (1) que la lutte prit fin.

Le lendemain il y eut une nouvelle émeute ; cette fois les troupes entrèrent en scène, et il fut remarqué que celles-ci furent complices, car elles tirèrent sur les Chrétiens. Cet acte de sauvagerie fut notifié à l'ambassadeur de France à Constantinople, M. Constans, par le Consul général de France à Beyrouth. Immédiatement,

(1) Une escadre américaine, composée d'un garde-côte et d'un croiseur, était arrivée depuis trois jours ; sa mission était de venger son consul qu'un individu, sujet ottoman, a voulu tuer en tirant sur lui des coups de revolver qui, heureusement, ne l'atteignirent pas.

l'ambassadeur fit révoquer de ses fonctions le Grand-Gouverneur (1), et ses complices furent arrêtés.

Pendant quinze jours la ville fut comme en plein siège; toutes les maisons fermées ; par-ci, par-là, des groupes de Musulmans ou de chrétiens circulant dans les rues désertes qui étaient pleines de soldats en patrouilles, tandis que l'escadre américaine ne cessait de surveiller la ville et toute la côte, nuit et jour. Enfin, grâce à l'énergie et à la sévérité de Nazim Pacha (2), gouverneur de Damas, le calme revint peu à peu, et les Musulmans furent réduits au silence.

Le Sultan envoya un autre gouverneur très instruit, très intelligent et tout à fait impartial ; aussi, dès la première entrevue qu'il eut avec Monseigneur l'Evêque, il lui dit en très pur français :

« — Je châtierai sévèrement ceux qui se rendront coupables de quelque méfait, et je ferai tout pour le bien général et le bon accord entre tous ! »

Au lendemain de ces événements, Monseigneur recevait trois dépêches successives et ainsi conçues :

Tripoli de Syrie, 3 octobre.

Vicaire général à Monseigneur de Tripoli, à Beyrouth.

Evêque Schismatique, Basile, frappe et insulte Curés et Prêtres Catholiques, arrache leurs barrettes ; envoie des bandits à Cheik-Mohammed, à Marmarita, etc. ; à Ebdel, Curé Catholique battu chez lui, grièvement blessé, état désespéré. Veuillez agir sévèrement auprès de qui de droit.

R. P. Krouam, *vic. gén.*

Ces mauvaises nouvelles firent une grande impression sur Monseigneur qui aussitôt se rendit chez le nouveau Gouverneur.

---

(1) Ce gouverneur fut le chef réel du complot contre les Chrétiens, en les attaquant avec des bandes d'énergumènes.

(2) Nazim Pacha était venu, par ordre du Sultan, prendre l'intérim du gouvernement de Beyrouth. C'est le meilleur gouverneur de la province.

Après avoir entendu le récit de cet acte abominable (1), Son Excellence demanda des renseignements sur cet Evêque Basile : « Soyez persuadé, Monseigneur, dit-il, que je vais l'arrêter dans sa fougue et *prendre cela en grande importance*. » Le lendemain, une quatrième dépêche arriva et annonça que l'Evêque Schismatique avait reçu une bonne leçon.

Une bonne leçon.

Les prêtres de Marmarita, témoins de la scène terrible, vinrent à Beyrouth raconter tout à Monseigneur. Voici ce qui se passa :

L'Evêque Basile s'était vanté de parcourir tout le diocèse et de punir lui-même ces individus qui s'affublaient de soutanes et de barrettes, et voulut faire une bonne leçon (2) à tous ces *intrus* (c'est-à-dire les Catholiques).

A Cheik-Mohammed, plusieurs Schismatiques sérieux lui avaient dit : « Méfiez-vous, les Catholiques sont exaspérés, ils vous causeront des ennuis ! »

Ne tenant aucun compte de ces conseils, il alla pompeusement à Marmarita, où il arracha à l'improviste la barrette de deux prêtres catholiques.

Il était dans un salon, entouré de notables et de beau monde, quand deux prêtres catholiques, le Père Martinos et le Père Abdhallah, se présentèrent. L'Evêque Basile, croyant qu'ils venaient s'humilier, les fit entrer.

Alors, le Père Martinos entra seul, et se dirigea seul directement vers l'Evêque, sans dire ni bonjour, ni bonsoir ; il le regarda froidement :

« — Je suis venu ici, dit le Père, pour que vous me remettiez ma barrette ; le voulez-vous, ou non ? »

(1) Deux prêtres de Monseigneur vinrent à Beyrouth lui rapporter tous les détails.
(2) Leçon qu'il reçut lui-même.

« — Je ne vous reconnais pas comme prêtre, répondit l'Evêque, et je me charge de vous châtier encore ! »

« — Ah ! oui ; eh bien, Basile, attrape ! »

Aussitôt dit, aussitôt fait : le Père Martinos s'élança sur lui comme un coup de foudre, et, lui arrachant sa barrette, son voile et ses insignes d'Evêque, les mit en mille morceaux.

L'Evêque se leva pour frapper le Père, mais celui-ci, plus leste que lui, attrapa le Prélat Schismatique dans ses bras vigoureux et lui fit prendre un siège par terre. Ce coup eut un contre-coup, car le ventre de Basile fit un gros « boum », au milieu de l'ébahissement général. Après ce maître coup, l'audacieux Père Martinos (1) sortit victorieux, pendant que la digne assemblée était paralysée de peur.

Mais les Schismatiques du dehors voulurent venger Basile et s'élancèrent sur le Père Abdhallah pour le battre furieusement.

Comme guignol qui sort de sa boîte, l'Evêque s'élança, telle une furie, en criant à tue-tête : « Non, pas celui-là, c'est Martinos qu'il faut ! »

Alors les fidèles serviteurs lâchèrent prise et se retournèrent sur le Père Martinos. Celui-ci, d'une force peu commune, vif comme l'éclair, arracha des mains d'un gros homme, qui voulait le terrasser, un énorme bâton qu'il fit voltiger de droite et de gauche, comme jadis l'immortel Bayard avec son épée. Après une résistance acharnée, les Schismatiques battirent en retraite : sept ou huit des leurs, et des plus forts, furent terrassés par les coups de foudre de l'invincible Père Martinos, qui resta maître du champ de bataille.

Le soir, l'Evêque Basile devait aller présider un dîner de gala chez un notable. Le Père Martinos, assisté d'une douzaine de jeunes gens, enhardis par tant d'audace, se

____

(1) Ce Père est un homme de haute taille, maigre et paraissant chétif ; mais il y a sous sa soutane un athlète, de sorte que tout le monde le craint.

placèrent au milieu de la rue, et s'écrièrent : « S'il est vraiment Basile, qu'il ose passer pour aller souper, et nous verrons ! »

Le malheureux Basile n'osa pas venir et se fit servir son dîner de gala d'une fenêtre à l'autre.

Voulant se venger, l'Evêque envoya un exprès au Kaïmmacam de Hossen pour l'appeler à son secours, en lui disant qu'il *était battu, maltraité et assiégé par les Catholiques.*

Vite, le Kaïmmacam s'élança à la tête d'une vingtaine de gendarmes à cheval pour porter soi-disant secours au pauvre Basile ; mais quel ne fut pas son étonnement, lorsque cet officier vit tout le contraire !

Il fit une enquête ; les Catholiques, les Schismatiques aussi, apportèrent leurs témoignages, et prouvèrent que l'Evêque avait menti et qu'il était le provocateur plutôt que l'innocente victime.

Pour couper court à toutes ces affaires imbéciles, le Kaïmmacam lui dit :

« — Je vous engage beaucoup à vous réconcilier avec les Catholiques et à ne pas recommencer, car l'affaire est très grave ; pour moi, je ne m'en occupe pas, et de tout ce qui arrivera vous serez responsable... »

Après bien des pourparlers, l'Evêque consentit à se réconcilier, mais il désira que ce fût dans une maison schismatique. Le Père Martinos répondit par un *non* formel, et Basile se vit dans l'obligation d'accepter la cérémonie dans une maison catholique, en présence des notables catholiques (1). Ce fut donc un Catholique qui invita les deux partis à dîner chez lui ; là, Basile remit les barrettes aux prêtres et se réconcilia ; mais, pour le punir, les Catholiques ne rendirent pas la coiffure et les insignes à l'Evêque ; tout cela était en morceaux, et le malheureux devait *se les remettre* à ses frais.

Aussitôt après, Basile s'esquiva pendant la nuit, et le

(1) L'humiliation était forte, l'Evêque ne le sentit que trop bien ; mais il fallait passer par les « fourches caudines. »

Père Martinos lança une dépêche à Monseigneur pour lui annoncer ce magnifique triomphe ; une longue lettre suivit et mit Monseigneur au courant. Ce coup de théâtre clôtura cette grande lutte ; les Schismatiques étaient bafoués par les Musulmans, les Catholiques étaient victorieux pour toujours.

CONCLUSION

La persécution fit un grand bien, car les Néo-Convertis ont vu et constaté par eux-mêmes la méchanceté des Evêques Schismatiques et les actions pacifiques, mais très puissantes, de leur nouveau Pasteur. Ils sortirent de là, grandis dans la foi, et acquirent une fermeté inébranlable et un remarquable courage.

Hélas ! combien de sacrifices, de peines et d'angoisses pour le cœur du saint Evêque de Tripoli ! C'est un vrai miracle, en effet, mais un miracle permanent de voir comment Mgr J. Doumani a pu sortir victorieux, précisément dans une année aussi féconde en faits divers, en dépenses extraordinaires, occasionnées par les Conversions : il faut assurer l'existence du Clergé, protéger et soutenir les écoles, construire des églises, des presbytères, etc., etc., enfin remédier à une infinité de misères.

Tout cela est effrayant, quand on songe que Mgr Doumani ne reçoit aucune allocation du Gouvernement turc, et ne possède aucune fortune personnelle.

En cette année 1903 seulement, voyons les recettes et les dépenses :

RECETTES.

De S. B. Mgr Géha, patriarche grec-cathol.......	4.000 fr.
De quelques parents et bienfaiteurs d'Egypte.....	3.000 »
Des bienfaiteurs, par la Direction des Missions cath.	270 »
Allocation de l'Œuvre des Ecoles d'Orient........	400 »
De feu Mgr Ledokowski, Card. S.................	500 »
De S. E. Mgr Gotti, Card.-Préfet Pr.............	1.000 »
De divers bienfaiteurs et bienfaitrices de France..	5.230 »
De divers bienfaiteurs et bienfaitrices suisses et belges..	2.200 »
Allocation annuelle du Gouvernement français....	300 »
Total..........	16.900 »

DÉPENSES.

Ici, la voie est douloureuse.

Construction de l'église de Cheik-Mohammed.....	12.000 fr.
Frais de procès intentés pour défendre les Convertis.	4.000 »
Frais de dépenses de la Visite Pastorale dans le Diocèse et les Convertis......................	1.500 »
Impôts, crépissage, peinture, pavage de l'Evêché..	2.000 »
Entretien et nourriture du personnel de l'Evêché..	2.200 »
Entretien des professeurs des Ecoles de garçons et de filles ; maisons louées pour Ecoles..........	4.000 »
Annuels aux Curés	2.000 »
Total.........	27.700 fr.

BALANCE.

Dépenses.............	27.700 fr.
Recettes.............	16.900 fr.
Déficit.............	10.800 fr.

Sa Grandeur est donc fortement endettée. Partout les charges croissent sans cesse, les conversions se multiplient ; de nouvelles églises sont nécessaires, il faut des prêtres, des professeurs, etc.

Et pourtant le vénérable Prélat n'hésite pas à cultiver cette œuvre si grandiose, au-dessus de ses forces. Il sent très bien que toutes les nécessités le pressent ; mais il sait très bien aussi que cette œuvre est celle de Dieu ; par conséquent, elle ne saurait mourir : c'est une œuvre française et catholique. Et malgré les temps pénibles que nous traversons, Sa Grandeur, par une sainte inspiration, jette toujours ses regards vers l'Europe, et surtout la France ; il est convaincu que celle-ci viendra encore le secourir.

« — Votre patrie, disait-il un jour à Paris, à des Français, ses amis, m'est chère à plus d'un titre ; tout en restant fidèle sujet de l'empire ottoman, je suis Français de cœur ; je m'intéresse à la gloire et à la prospérité de ma chère France. C'est elle qui m'a recueilli dans le sang de mes compatriotes ; elle m'a sauvé, moi et tant d'autres. Aux jours sanglants des massacres en Syrie, elle est venue vers nous, inépuisablement charitable ; c'est par elle, aujourd'hui encore, que nous existons, Catholiques en toute notre âme, et Français de tout notre cœur. »

Aussi, la France, malgré ses charges, viendra encore une fois lui apporter le tribut de son indéfectible charité, et l'aider à mener à bonne fin cette œuvre si grande. Il faut aussi que l'Eglise, si elle veut maintenir cette conquête, fasse appel à la générosité de ses enfants. Ils comprendront qu'il faut encourager ce grand et digne Pontife, déjà confesseur de la foi ; qu'il est dans l'intérêt commun de soulager de pauvres frères toujours en butte à la haine et au fanatisme des ennemis du nom chrétien.

Ad Majorem Dei Gloriam !

A. MÉSERAY,

*Secrétaire de Mgr Doumani,
à Tripoli de Syrie (Turquie).*

Bar-le-Duc. — Impr. Saint Paul. — 8173,1,04.